これからの病院経営を担う人材

医 療 経 営 士 テ キ ス ト

第3版

患者と医療サービス

患者視点の医療とは

初 級

深津　博

7

日本医療企画

はじめに

　現在の医療業界には、公立病院を中心とする多くの病院の経営難、医師をはじめとする医療スタッフの人材不足と過重労働、さらにその結果として頻発するうつ病と高い自殺率、患者の権利意識の向上とそれに十分に対応しきれない病院との不幸な確執が招く医療訴訟の増加、高齢化社会の急速な進展による医療費の自然増とそれに伴う国民皆保険制度の矛盾点の噴出など……明るい話題が乏しい。

　この原因はさまざまな要素が複雑に絡み合ったものであると思われるが、その重要な要素の１つとして医療機関における「経営」の欠如が挙げられる。

　医療機関の経営者(院長、理事長)の大半は医師である。医師は医学部で医学を学び、医療機関での研修や業務を通して医学・医療を専門的に研鑽するが、経営について本格的に勉強する医師はほとんどいない。院長就任においては年功序列であり、就任の直前に何冊かの専門書を読み、先輩等の話を聞いて付け焼き刃の勉強をする程度である。したがって多くの場合、事務長などの言うなりに動き、目先の収支を合わせることで精一杯であろう。また、一方で医学・医療における経験から改善要望を数多く持って就任しても、経済的な合理性や優先順位の判断、既存人材の活用や新規人材の獲得、資金調達等の経営戦略的な見地からの分析手法を持たないため、自身の専門分野周辺のみの改善等に陥りやすく、中長期的な展望に乏しいのが現実である。

　さらに、日々発生している大量の情報について、収集、共有、多角的な分析、課題として抽出し改善につなげる(二次活用)といった仕組みを持っていない医療機関が多いことも問題だ。これは医療分野におけるIT化の遅れ(おそらく一般企業と比較して10年は遅れている)が大きな要因であるが、一方で患者や地域医療連携の紹介元の医師からの「生の声」としての要望やクレームを十分に拾い上げて活用する「サービス業としてのシステム」が整っていないのも無視できない要因である。

　日本の医療技術のレベルは客観的にみても、世界中で上位にあると思われるが、このままの状態が継続すれば、いずれ破綻が来ることも明らかであろう。

　このような状況を改善する手段はいくつかあるが、まずは経営的な知識とセンスを身につけた医師ないし医師以外の職種(医療専門職でなくともよい)が医療機関に勤務し、日常的な業務を見直していくことである。そして、「医療はサービス業である」と明確に位置づけ、その前提でサービス的な職種を採用・配置し、有機的に活用することである。

　多くの医療機関経営者は２年に一度の診療報酬改定の結果に一喜一憂し、診療報酬が増額される部分に人材を含むリソースを投入し、そうでない部分には関心を示さない。しか

しながら、本来その医療機関の業務遂行にとって重要である部門やシステムは、診療報酬がつく、つかないにかかわらず粛々と、構築・改善を遂行すべきはずである。皮肉なことに多くの場合、一部の先見性のある医療機関が自力で達成・構築したシステムが後から診療報酬収載になっているのである。

　これから5年間で医療業界は、高齢化の進展による医療保険制度の崩壊の危機、病院数と病床数の減少、在宅医療の推進、メディカルツーリズムによる外国人患者の流入など、さまざまな大きな変化を体験するだろう。本書で学ぶ若い諸君の活躍により、医療界がそれらの変化に応じた、21世紀型の合理的かつ満足度の高いシステムに一元化されていくことを願っている。

深津　博

目次
contents

はじめに ………………………………………………………………………… ii

第1章 総 論 医療サービスの定義と理解 ………… 1

1 サービスの定義―サービスとは何か ……………………………… 2

2 医療サービスの定義①―医療はサービスであるか否か ……… 4

3 医療サービスの定義②
　　―医療機関が提供するサービスは2種類（医療サービスと患者サービス）…… 6

4 医療サービスの理解―医療の質と患者サービス ……………… 10

5 医療従事者からみた医療サービス、患者からみた医療サービス … 19

6 地域医療連携における医療サービスの役割 …………………… 30

第2章 各 論 医療サービスの実践 …………… 39

1 医療サービスに必要とされるスキル ………………………… 40

2 現場から求められる医療サービス①―未収金対策 …………… 48

3 現場から求められる医療サービス②―待ち時間対策1 海外との比較 …… 52

4 現場から求められる医療サービス②―待ち時間対策2 さまざまな対策 … 54

5 現場から求められる医療サービス②―待ち時間対策3 報告、事例 ……… 57

6 現場から求められる医療サービス③―適切なトリアージ …… 62

7 新しい医療サービス提供者の職種 …………………………… 66

8 医療・患者サービスの実践
　　―医療コンシェルジュの導入事例 ………………………… 71

9 欧米における医療サービスの現状 …………………………… 81

【コラム】医療従事者と患者間のコミュニケーションギャップを
　　　　埋めるための取り組み──米国の事例 ……………………17
　　　　電子カルテ導入による待ち時間短縮と、
　　　　職員のストレス軽減事例 ………………………………………60

　索　引…………………………………………………………………96

第1章

総　論　医療サービスの定義と理解

1 サービスの定義─サービスとは何か
2 医療サービスの定義①─医療はサービスであるか否か
3 医療サービスの定義②─医療機関が提供するサービスは2種類
　　　　　　　　　　　　（医療サービスと患者サービス）
4 医療サービスの理解─医療の質と患者サービス
5 医療従事者からみた医療サービス、患者からみた医療サービス
6 地域医療連携における医療サービスの役割

第1章　総論　医療サービスの定義と理解

① サービスの定義 —サービスとは何か

1　サービス業の特性

　医療サービスを考える前に「サービスとは何か？」という根本的な命題について考えてみる。一般的にサービスとはマーケティング論から理論的に体系づけられており、「ある価値を持った無形の商品であり、消費の対象になる」と定義されている。

　サービス業の特性として一般に、以下の5点が挙げられている。
　①同　時　性：売り買いした後にモノが残らず、生産と同時に消費されていく
　②不可分性：消費を切り離すことは不可能である
　③不均質性：品質は一定ではない
　④非有形性：触ることができない。はっきりとした形がないため、商品を購入前に見たり試したりすることが不可能
　⑤消　滅　性：形のないものゆえ、在庫にすることが不可能である
（ただし、すべての業態において、同時に5点を満たしているわけではない）

2　サービス商品と他の製品等の形がある商品との違い

　医療に注目して考えた場合、サービス商品と他の製品等の形がある商品との違いをとらえることが重要で、そのポイントは以下の3点といえる。
　①消費と供給の同時性
　②過程と結果の等価的重要性
　③提供者と消費者の共同作業の必要性
　わかりやすくするために、有形の商品としてパソコンを、無形のサービス商品として鉄道輸送を、「サービスの消費」の観点で考えてみよう。

■（1）消費と供給の同時性

　パソコンを手に入れることが消費の目的である場合、パソコンショップに出向いて購入しても、ネットショップで購入しても、結果として同じ商品を手に入れられる点については差がない（価格差が発生することはある）。

一方、鉄道輸送の購入は、消費者が駅に出向き、その場（車内）でサービス（輸送＝商品）を利用する。つまり、「供給と消費が同時に行われる」ことが必須要件となる。パソコン入手を目的にするにおいては、供給（生産）先（工場）に消費者（購入者）が出向く必要はなく、店頭在庫を購入することで足りる（生産が同時に行われる必要もない）。

（2）過程と結果の等価的重要性

鉄道輸送においては、例えば、「新幹線で行くか在来線で行くか」、「グリーン車か、自由席か」などのサービスの提供される環境（過程）が消費する側には本質的な価値を持つ。

（3）提供者と消費者の共同作業の必要性

パソコン購入の場合は、供給者と消費者が直接顔を合わせる必要はなく、特に共同作業を行う機会はない。鉄道輸送の場合は、供給側の定めたサービスルールに従って指定の座席に座り、一定のルール（禁煙など）に則り、適正なサービスレベルが保たれるように、消費側の１人ひとりが協力することによりサービス（商品）そのものが成立している状況がある。

第1章　総論　医療サービスの定義と理解

② 医療サービスの定義①
―医療はサービスであるか否か

1　医療を「サービス商品」の特徴でとらえることは可能か、否か

　医療行為(診断や治療)は「サービス」に該当するであろうか？　第1章第1節「2サービス商品と他の製品等の形がある商品との違い」のサービス商品で用いた3つの視点で考えてみよう(図1-1)。

(1)「消費と供給の同時性」の観点による検証

　診断でも治療でも、提供者(医療従事者)と消費者(患者)が同時にある空間(検査室や診察室)に存在し、向き合って初めて成立するわけであるから、「消費と供給の同時性」の要件は満たしている。

(2)「過程と結果の等価的重要性」の観点による検証

　例えば、前立腺がんで治療を受ける場合、「開腹手術を受けるか」、「放射線治療を受けるか」、「ホルモン療法を受けるか」等の選択肢は複数あり、これらの治療方法の選択(過程の選択)は患者にとって、「がんの治療を受けられる」という結果と同様に重要である。

　これらに類する過程条件としては、「治療を外来で受けるか、入院で受けるか」、「診察医が男性か、女性か」等も挙げることができる。

(3)「提供者と消費者の共同作業の必要性」の観点による検証

　まさに現代の医療の基本的な要件そのものである。医療者は、患者に十分な説明を行い、患者が納得いくまで質問を受けた上で(この手続きを「インフォームドコンセント」と呼ぶ)、患者の人生観や生活環境、経済状態等を勘案してその時点で最適な医療を提案して、実施に当たっても刻一刻と変化する状況に応じて適宜追加の説明を加えながら、医療行為を継続していく。

2　サービス業かどうかを判断するのは消費者

かつては患者側には「難しいことはわかりませんので、すべて先生にお任せします」とい

4　医療経営士●初級テキスト7

うような考え方があり、またこれに呼応する形で一部の医師から「すべて私に任せなさい。言う通りにしていれば治してあげましょう」という考え方があったことも事実である。しかし、それらが現在の時代に合わなくなっているのは、医療訴訟の件数の増加等を見ても明らかであろう。

このように見てくると、医療そのものがサービス業の要件をまさに満たしていることがわかる。ここで重要なのは、「サービス業かどうかを判断するのは消費者である」という点である。

3 消費する側（患者）が一般サービス業と同等のサービスレベルを求める流れを止めることは不可能

医療従事者の中には「医療はサービス業ではない」として、サービス業的な要素を取り入れるのに抵抗を示す勢力がいるのも確かであるが、消費する側が一般サービス業と同等のサービスレベルを求めてくる流れを止めることはすでに不可能であり、医療機関や医療従事者には現実を直視した対応が求められている。

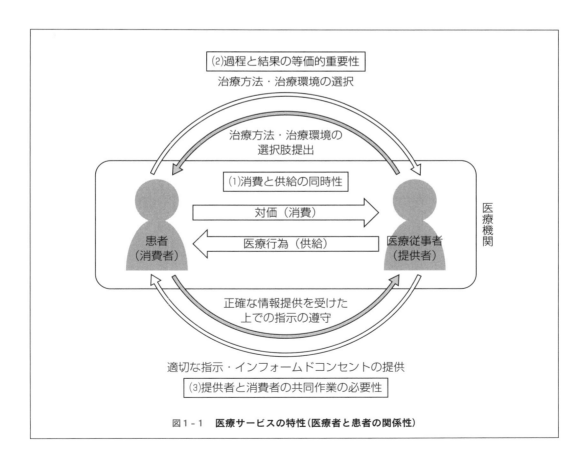

図1-1　医療サービスの特性（医療者と患者の関係性）

第1章 総論 医療サービスの定義と理解

3 医療サービスの定義②──医療機関が提供するサービスは2種類(医療サービスと患者サービス)

　第1章第2節「医療サービスの定義①」では医療がサービスであることを述べたが、ここでは医療機関で提供されているサービスについて、「医療サービス」と「患者サービス」の2つの視点でみていく。

1　医療サービスの分類

(1) 医療サービス

　ここで言う医療サービスとは、医療そのものをサービス業としてとらえたものであり、診察行為や診断、治療等の医療行為全般を含む。基本的には国民皆保険であるわが国では保険点数(診療報酬)が算定される行為すべてを指すとも言い換えられる。

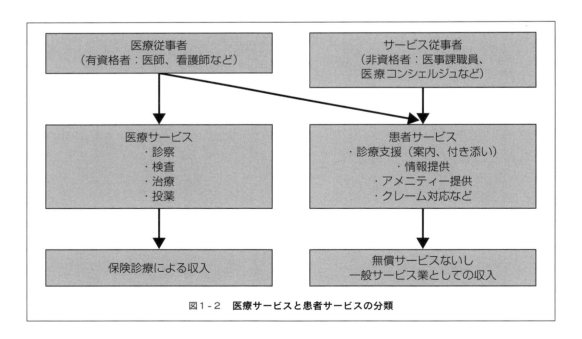

図1-2　医療サービスと患者サービスの分類

（2）患者サービス

　患者サービスとは、前記(1)の医療サービスに付随して、もしくは独立して行われる患者対象のサービス行為であり、診療支援や情報提供（院内の案内や相談窓口機能、医療コンシェルジュ〈詳細は第2章第7節を参照〉によるアテンド〈付き添い〉）、アメニティー提供（院内の売店やレストラン、喫茶などの施設を介するもの、院内でのコンサート等のイベントなど）、クレーム対応も含まれる。

　これらの患者サービスには一般に保険点数算定の対象とはならない無償のものも含まれる。そして、医師や看護師等の医療資格保有者が医療行為に付随して行う場合と、医療資格保有者以外が提供するサービスとがある（図1-2）。

　まずは医療機関で行われるサービスに2種類あることを認識することが、議論を整理する上で重要である。なぜならば、一般に両者ともに医療サービスとして混同して議論されることが多いが、担い手も収益構造も異なる両者を同等に論議すること自体に無理があるからである。

2　医療サービス固有の特徴

（1）患者が客観的かつ正確に行うことは困難

　医療サービスに対する質の評価は、その専門性の高さから患者が客観的かつ正確に行うことは困難であるが、患者サービスについては、患者の主観的評価がそのまま質の評価になり得る（表1-1）。

表1-1　医療サービスと患者サービス

	提供者	サービスの質に対する患者の評価	評価に要する時間	医療機関にとっての重要度
医療サービス	医療資格保有者	困難	ある程度の時間が必要	高い
患者サービス	医療資格保有者およびサービス担当者	可能	即時	高い

（2）医療者と患者の共同作業により成立

　医療サービスにおいては、究極の目標は医療行為そのものであり、病気を診断して治療し、治すことに尽きる。したがって、もしよい治療が受けられ病気が治るのであれば、過

第1章　総論　医療サービスの定義と理解

程であるサービス業的な要素（接遇やコミュニケーション）がある程度質が悪くても（個人差はある）、特にクレームも発生せず、問題にならないことがあり得る。

逆に言えば、いくら接遇教育を行ってサービス業的な要素を最適化しても、医療そのものの質が保たれていなければ、そのサービス自体の意義は薄れてしまう。この議論を突き詰めると医療ではサービス的な要素は不要である、という極論に発展してしまうが、実はこの議論は不毛である。

第1章第2節「医療サービスの定義①」で述べたように、サービス業である医療は消費と供給が同時に行われ、提供者と消費者が共同作業を行うことを前提にして成立しており、相互に対面してアイコンタクトを図り、会話を行ってリレーション（感情交流に重点を置いたコミュニケーション）を成立させ、共同作業ができる関係性を構築することが必要である。製造業などで一般に消費者と対面する必要がないのとは大きな違いがあることが理解できる。

■ (3)結果の不確実性・多様性による質の不均質性

ここで重要な前提条件として医療の不確実性がある。一般の健康人はあまり意識することもないと思われるが、医療者にとっては日々痛切に実感する大きな問題である。例えば、同じ肺がんで同程度の進行具合、同じ年齢・性別の患者を同じ抗がん剤で治療した場合、ある患者には効果があるのに別の患者にはまったく効果がない、といった事態は日常的に経験される。あるいは、ある薬剤に対してアレルギーが出る患者と出ない患者が存在するのも、同様に予測できない現象である。

また、その時点での最善の治療を行ったのにもかかわらず、予期せず副作用や合併症が発生して、最悪の場合、命を落とすことも皆無ではないのが現実である。

■ (4)現代の医療のあるべき姿

これらの結果の多様性は事前の問診や検査等では確実に予測することは不可能であり、まさに不確実性である。サービス業の特性として挙げた「不均質性」の典型例であり、サービスの質は提供する医療機関、医療従事者にも依存するし、またその時点での人智が及ばない制御不能な不均質性も存在するわけである。

これらの予測不可能な事態に立ち向かうために、その不確実性・不均質性を患者に理解してもらった上で問題点を共有し、それに対して医療の叡智を結集して難問の解決に当たるのが現代の医療のあるべき姿である。そのためには相互理解を推進するコミュニケーションスキル、そのツールとしての接遇技術やコーチングの技術が必要となると考えられる。

治療を行っても予定通りの効果が得られない場合や予期しない副作用等が発生した場合、また不幸にして最悪の状況に陥った場合でも、事前に十分なコミュニケーションを図

り、考えられる状況を良い場合も悪い場合もありのままに話して理解してもらっていれば、大きなトラブルにはなりにくいし、結果として患者や家族の満足度も高いことが多いからである。

　医療において皮肉にも唯一確実であるのは、「人間はいつか必ず死ぬ」という点であり、これについては医療従事者と患者との間で完全な共通認識が成立している。ただし、それ以外の過程における治療方法や治療環境の選択、考えられる副作用や費用負担等については、事前に共通認識はないのが通常であるから、過程を重視する観点からもサービス業的なアプローチは重要であると考えられる。

4 医療サービスの理解
—医療の質と患者サービス

　第1章第3節「2医療サービス固有の特徴」で述べた通り、医療行為自体の質は究極的にはその病気が治るかどうかに依存する。医療の質と患者サービスの関係性が患者満足度に与える影響を視覚的に表すと図1-3のようになる。

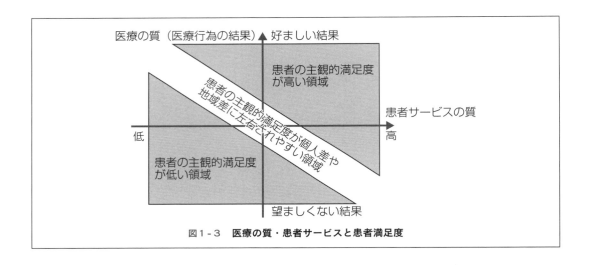

図1-3　医療の質・患者サービスと患者満足度

1 医療の質と患者サービスとの関係性

(1)「医療行為の結果＝患者サービス」といえるか

　結論から言えば「"結果"よければすべてよし」であり、医療行為の結果がよい形となれば、多少患者サービスのレベルが低くても「患者の主観的な満足度」は確保される。
　その一方で医療行為が望ましくない結果となった場合(究極の場合は副作用での死亡等)は、いくら最高の患者サービスを提供しても患者満足を得ることはできない。
　「患者サービスの良し悪し」が患者満足度の高低を左右するのは、「医療行為の結果が期待したほどではないが、期待を裏切ったとも言えない……」というような状況、または「未だ結果が判明していない」などの状況においてである。これらの場合は、患者サービスに対する患者の主観的な満足度が高ければ、その医療機関全体の印象を改善し、医療行為の

結果について、（個人差はあっても）多くの患者が好意的にとらえる傾向があるからだ。

「先生も忙しくて大変ですね」などの言葉は、診察予約時間が遅れて待たせてしまった患者に対して、「お待たせして申し訳ありませんでした」と診察室に招き入れて頭を下げた時に返ってくることが多いが、これは病院職員が忙しい中、頑張っていることを患者が理解して好意的にとらえている証左である。

逆に患者サービスが不十分であると、医療従事者の少しの説明不足や、ちょっとした副作用等でも満足度を低下させ、不信感につながりかねない。

■（2）医療機関の誤解①
　―医療サービスと患者サービスとでは満足度の形成に要する時間が異なる

サービスのとらえ方について誤解している医療機関は多いが、その1つの要因に、医療サービス（医療行為）の結果に対する患者の満足度が確定するまでに要する時間と、患者サービスに対する満足度を決める時間が異なることが挙げられる。

医療サービスにおいては、患者が初診で受診してから検査の診断が確定し、治療を受けて結果が判明するまでに数週間程度を要し、「結果が判明していない状態」がしばらく継続することが多く、満足度が確定するまでに要する時間も長い。

一方、患者サービスへの患者の持つ印象は、初診の窓口対応において即時に形成される。そして、その後の各種職員の応対、あるいは全職員における対応（待ち時間・案内方法）の統一性の有無により更新され、さらに受診の過程、再診での来院により、印象は更新され続ける。好印象が積み重なれば、その印象は非常に強固なものとなり、その患者の中に「あの病院はサービスのよい病院である」という概念が形成されていく。一旦この概念が形成されると、その患者は口コミ等によって、他の患者にその医療機関に対する好意的な情報を提供するようになる。反対に、初診日の第一印象が悪く、そのうえ2、3の不幸な偶然が重なって「案内なく長時間待たせる」、「同じ説明を何度もさせる」などの事態が起きると、患者側には「手際が悪くサービスの悪い病院である」という概念が形成されていく。この患者の心中では、「病気の治療を受けたいので、怒って帰るわけにはいかないが、この状況のまま受診するのは不愉快である」という葛藤が続いているのだ。とりわけ体調が悪い患者にとっては、この葛藤は過酷である。おそらく、病院以外で同様なサービス不良を経験すれば、クレームをつけてそのまま帰ってしまうだろう。

この印象形成の時間差の存在は、患者サービスが医療サービス自体と同様に重要であることを明確に示しているのだ。

■（3）医療機関の誤解②―「何も言わないのは満足している」からではない

医療従事者が医療自体と患者サービスの関係性について誤解しやすいもう1つの要因は、外見上の満足度と実際の満足度には乖離があることが挙げられる。

多くの医療機関での日常診療における患者サービスの大半は、直接満足しているとも不満を持っているとも意思表示をしていない患者への対応である。

したがって、自分たちが提供している患者サービスが十分なのかどうかについて具体的に把握できていない医療従事者がほとんどであろう。患者から積極的にお褒めの言葉をいただいたり、逆にクレームをいただいたりして初めて判明するのだ。

毀誉褒貶(きよほうへん)のいずれにせよ意思表示をしている患者への対応は必要であり、組織としての対応を構築する必要があるが、患者の実数から言えば上述の「もの言わぬ患者」のほうが圧倒的に多く、その対策のほうが重要であるにもかかわらず、あまり理解されていない(図1-4)。

大多数の患者は程度の差こそあれ種々の不快感を持っており、それでも自ら発信することなく黙っている。しかし、さまざまな因子により不満が爆発すると、その不満を怒りとして表現する患者の割合が増加し、収拾がつかない事態となる。

問題が表面化して初めて対策を練るのが一般的な組織の対応であるのは医療機関に限ったことではないが、医療機関においてはクレーム等について一般企業のような組織的な対応が遅れており、クレームについて職員が一種の恐怖を覚えている傾向もみられるのが、特徴とも言える。診察室等において医療従事者が患者から暴力を振るわれるといったケースも少数ながら確実に存在するため、医療従事者は一般企業のようにクレームを顧客からのありがたい意見や激励として受け入れられる心構えができていないことが多い(医療機関におけるクレーム対応については別巻に譲るが、クレーム担当職員として暴力に対応できる元警察官等を雇用して、患者対策は十分行っている、と考えている医療機関が多数であるのが実情だ。これは主に事務職が対策を担当しているために、患者満足度向上まで思いが至らないか、その方法を知らないか、知っていても予算がないか、のいずれかの理由

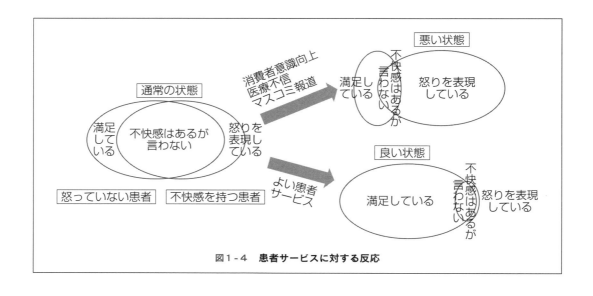

図1-4 患者サービスに対する反応

医療サービスの理解─医療の質と患者サービス **4**

によると思われる)。

ここまでの考察をまとめると、以下のことが言える。

ア．患者サービスは医療サービスの結果を代償するものではない。よい患者サービスは、医療の結果が未確定な状況や決定的な失敗ではない状況において、患者側の不満や不安を解消する上で大きな役割を果たすことがある

イ．医療機関の第一印象は外来初診受診時に形成され、中でも診察室での医師の診察時のコミュニケーションの印象が重要である

ウ．褒め言葉やクレームを直接発信する患者は少数で、大多数の患者は満足していても多少の不満を持っていても直接意思表示をしない「もの言わぬ患者」である(この「もの言わぬ患者」が大多数を占めるため重要)

2　患者サービスを経営に活かすために

■（1）患者と医師の間にある情報量の格差

①患者満足度に最も影響を及ぼすのは医師面談

繰り返しになるが、通常、外来を初診で受診した患者は当日の初診窓口における職員の対応などのソフト条件から、案内表示のわかりやすさ、施設の清潔さなどのハード条件に至るまで、患者個々の基準で評価して、その医療機関に対する第一印象を形成する。

その上で診察室での医師との面談に臨むわけである。初診時の医師との面談は、患者のその医療機関に対する印象を確定させる非常に大切な要素であるにもかかわらず、診察室という密室において「どのように行われ」、「患者はどのような感想を持ったか」、また、医師ごとの「どのような点が好ましく、どのような点が問題であるか」等について医療機関は正確に把握していないのが現状である。

患者(顧客)満足度に対して最も重要な要素の1つである医師面談について、その実態を把握していないのは、経営者としては大きな問題であろう。その理由の1つの背景として、医師の高度な専門性の壁により、経営者が医師に対して調査をしたり助言をしたりすることがしにくい風土が形成されている、あるいは医師(病院の勤務医)が非常に多忙であるため診療以外の事柄に対して注力しにくい状況である等が想定される。

一般的なサービス業との比較において考察してみよう。レストランで食事をする、デパートで買い物をする、エステサロンで美容施術を受ける……などのサービスの消費者は、その利用を楽しみにしており、心待ちにしている。当然、通常では不安や心配を持ってサービスを受けることはなく、そのサービスを受けて満足を得る対価として料金を支払うため、両者の関係性は明確である。

一方、医療機関と受診する患者(消費者)との関係性は色合いが異なる(期待感をもって

医療経営士●初級テキスト7　**13**

第1章　総論　医療サービスの定義と理解

医療機関を受診するわけではない）。患者の大半は心身に不調があり、その症状に関連した不安を抱えている。「いつまで続くのだろう」、「がんなどの命にかかわる病気ではないか」「本当に治るのだろうか」など、不安や心配の大きさには個人差があり、いずれにせよ時間が経つほど増幅する傾向を持っている。

この不安は、医療機関の不用意な言動によって一気に頂点に達する。例えば、検査結果の説明を聴きに来た患者に対して、医師がレントゲン写真を前に「あーあ！こんなになってしまって」と独り言を漏らせば、大半の患者は不安を爆発させ、パニックに陥るであろう。

これは、医師と患者の間の医療に関する情報量の圧倒的な格差に起因する問題であると言える（患者は自分の体に関する医療情報をほとんど持っていないにもかかわらず、他人である医師がほぼすべての情報を保有している）。

②医師は面談技術やコミュニケーションに関しては専門的な教育を受けていない

ここで注目したいのは、医師は診察技術については専門家であるが、面談技術やコミュニケーションに関しては必ずしも専門的な教育を受けているわけではないということだ。最近ではOSCE（Objective Structured Clinical Examination：客観的臨床能力試験）が医学教育に取り入れられているが、これはあくまで「診察・身体所見」を効率よく聞き出し、取得するためにスキルを身につけるためのもので、「患者の満足度を向上させよう」という視点は必ずしも備わってはいない。

よい患者サービスを継続して提供することで「真に満足している」患者を増加させることができれば、理想的な状態に近づくわけである。患者サービスの大きな意義はこの点にあると考えることができる。

3　患者と医療機関の情報量の格差を埋める

①患者と医療機関の情報量の格差［1］　病―診において事前情報の受発信が少ない

わが国の医療機関（病院）では、開業医（診療所）の紹介により受診予約をしても、「病―診」間での事前情報の受発信がされることはほとんどないために、患者が電話で問い合わせても受付オペレーターは要領を得ないだろう（「当日にならないとわかりません」「医師の個人情報ですので、お答えできません」等）。そして、さまざまな部署に取り次がれた挙げ句（たらいまわし）、担当者不在で知りたい情報は得られずじまいという状況である。

繰り返し述べるが、レストランに食事に出かける人は健康であり、楽しみや喜びを求めて食事代を支払い、その対価を得る。一方、医療機関に受診する患者は健康ではなく肉体的ないし精神的な痛みや苦しみを抱えており、本来ならば自分の心身のことだけを考えていたい状況であるのに、受診にたどり着くまでに本来の目的以外のことに多くの労力を費やさなければならない……これが現状である。

14　医療経営士●初級テキスト7

②患者と医療機関の情報量の格差[2]　患者への事前情報の提供が少ない

　予約当日に医療機関に来院しても、「時間どおりに診察が始まらない」、「後から来た患者が自分よりも先に呼ばれている」、「トイレに行きたいが席をはずしている間に呼ばれたら順番を飛ばされそうでトイレにも行けない」等、患者は精神的ストレスにさらされることが多い。大病院の受診においては、なおさらであろう。午前中の外来は戦場のごとくごった返しており、職員に声をかけようにも受付のカウンターには誰もおらず、電話がなりっぱなしの状態。外待ち合いにいる他の患者もおそらく同じだろうが、皆おとなしく待っている——「自分だけが声を荒げるのも大人気ないのでは」という思いも相まって、患者のイライラ感は非常に増幅しやすい状態である。

　患者は誰でも病院では飛び込みの救急患者が入ったり、予期せぬ事態が発生して診察時間が長引いたりすることがあるのは承知している。しかし、予定の変更があった場合は、できるだけ速やかに「どのような事態で、どの程度遅れそうである」というアナウンスが欲しいだけなのである。ほとんどの人は、予定が見えていればその人の状況に合わせて時間を潰したり、予定を変更したりすれば1時間程度待つことは問題なくできるが、同じ時間であっても何のアナウンスもない（いつまで待てばよいかの提示がない）ままに待つのは大いに苦痛なのである。

　当たり前のことであるにもかかわらず、ほとんどの医療機関は従来、このような対応ができていなかった。むしろ「そのようなサービスが必要である」という意識がなかった、といったほうが正確かもしれない。それは、多くの医療機関や医療従事者が「これまで患者を顧客とはみなしていなかった」ということの裏返しであろう。「客」という意識がないために、悪気はなくとも「黙ってこちらの言う通りにしていればよい」、「余計な質問はするな」といった態度となって現れていたのだ（病院や医師によっては、現在でもそのようなニュアンスが態度や言葉の端々に見え隠れすることもあるようだ）。

③患者と医療機関の情報量の格差[3]　患者心理（日本人独特の価値観である"遠慮"と"弱み"）

　日本人独特の「沈黙は金なり」という考え方をベースにした価値観（「他の患者も黙って待っているのだから……」という"遠慮"と「最終的には医師に命を握られている」という"弱み"）が医療機関と患者との間に「主従」のような関係性をもたらしている。

　ただし、同じ病院内でも前述のような「主従」のような関係性に当てはまらないケースもある。1つは人間ドックにおいてである。同じ医療従事者（医師、看護師、技師）が同じ医療機器（レントゲン装置やCT、心電図、胃内視鏡等）を用いて行うが、この場合、サービス提供者たる医療従事者とサービス消費者たる受診者（患者ではない！）という関係性が成立するからである。

　もう1つは保険診療の場合。わが国において通常の医療機関を受診する際には、受診者は3割程度までの負担（国民皆保険）で済むため、患者の負担感はあまり大きくない。もちろん、平素健康時から保険料を支払っているからこそ成立する制度であるが、「医療機関

第1章　総論　医療サービスの定義と理解

を受診するかどうか」を決定するのに価格を基準にする患者はほとんどいない。これは医師から「ではお薬出しておきますね」と言われて「それはおいくらですか？」と質問する患者がほぼ皆無であることからも明らかである（医師に対して失礼であるとの遠慮も少なからずあろう）。

　これに対して、検診センター等では、健保組合からの補助の度合や本人の支払い額にもよるが、基本的には自由（保険外）診療であり、受診者には「金を出して健康を買っている」という意識が根底にある。その度合は本人が選択するオプション等が多く支払い金額が高いほど、顕著となる。

　医療機関が病院と検診センターの両方を運営し、同じ医療スタッフが両方の職務を兼務するケースはしばしばあるが、一見同じような受診者のこの本質的な相違は、医療スタッフにとって大きなとまどいを覚えさせるものである。また、自由診療で行われることの多い美容整形外科や一部の歯科診療等についても同様である。

　いずれにせよ、問題なのは医療スタッフや経営者の大半が受診者側の価値観の変化や多様化を明確には認識していない点であろう。「サービス」についての医療従事者の意識改革と接遇等に関するトレーニングが必須である。

　これまで述べてきたことを整理すると、一般サービス業におけるサービスと医療におけるサービスの相違点や、医療機関における患者サービスの留意点が見えてくる。

　　ア．保険診療で行われる医療サービスと自由診療で行われるサービスに対しては、受診者側の意識に本質的な相違がある

　　イ．医療従事者は「医療＝サービス業」という明確な認識がなく、個々の経験や信念に基づいてそれぞれの手法で医療サービスを提供している

　　ウ．医療サービス自体（治療結果等）が好ましければ問題が顕在化することは少ないが、医療サービスの結果に対して患者が100％の満足を得られなかった場合には、患者サービスの良否がその医療機関に対しての評価を左右することがある

　　エ．医療機関の評価基準として本質的な医療そのものの質で判断するのが本筋であるが、医療者と患者の間に厳然と存在する情報格差により患者側はその手段を持たない。したがって、患者は自分でも判断できる患者サービスの良し悪しによって、その医療機関の評価を判断する傾向にある

　　オ．医療サービスの結果が判明するまでには一定の時間を要するため、医療サービス自体の良否の判断は初回受診時には判明しないが、患者サービスの良否は患者の印象によって主観的かつ迅速に判定されるため、最悪の場合は次回以降の受診がキャンセルされたり、悪い口コミ評判が流布したりする恐れもある

　　カ．医療機関にとって医療サービスと患者サービスは相互に補完しつつ機能する車の両輪であり、両者とも充実させることが重要である

これらは、医療機関において医療周辺のサービスを導入する際に、医療外のサービス業

医療サービスの理解──医療の質と患者サービス ④

の要素を取り込んで活用する際の留意点ともなる。

column 医療従事者と患者間のコミュニケーションギャップを埋めるための取り組み──米国の事例

　米国では2004年頃から「PHR（Personal Health Record：医療の個人記録）」という考え方に基づき、いくつかの大きな医療機関の連合体がITと保険会社と共同でIHN（Integrated Healthcare Network：統合ヘルスケアネットワーク）を設立し、登録者に対してNetworkに加盟するすべての医療施設の利用に関して便宜を図るサービスを提供している。具体的には一般的な医療や健康に関する相談に加え、個人の医療記録（自分自身のカルテ）を複数の医療機関にまたがって長期に自ら閲覧ができ、診察や検査予約が自宅PCから可能で、担当医やスタッフと電子メールでやり取りができる等である。これらのITインフラは米国ではマイクロソフトやグーグルといった巨大企業が提供しているのも1つの特徴だ。

　代表的なIHNとしてカリフォルニア州オークランドに本部を置くカイザーパーマネンテ（Kaiser Permanente）や、バージニア州ノーフォークに本部を置くセンタラヘルスケア（Sentara Healthcare）などがある。前者は加入者数900万人超、加盟病院数36、外来拠点数533、直接雇用医師数1万5,000人を超える巨大組織に成長している。

　医療保険制度の仕組みが異なる米国とわが国では方法における差異があろうことは予想できるが、方向性として、医療における医療者と患者の情報格差は、ITの力によって埋められていくことは間違いないであろう。

　米国のオバマ大統領（当時）は、2010年3月23日、通称「オバマケア」とも呼ばれる一連の医療制度改革を盛り込んだ「医療保険制度改革法（Patient Protection and Affordable Care Act: PPACA）」を成立させた。その骨子として、①医療機関や一般開業医のパフォーマンス評価を通じた報酬の付与、②新たな医療サービスモデルの発展、③医療サービスの質の向上を目指す国家戦略の策定、を掲げている。

　オバマケアによって、米国民に占める無保険者の割合は2010年には16.0％（4,900万人）であったのが2015年には9.1％（2,900万人）にまで減少した。公的医療保険のメディケア（高齢者向け）とメディケイド（貧困層向け）が導入された1965年以来、医療政策における最大の功績とされている。

　さらに、医療におけるIT（ICT）を用いた情報共有や二次利用の促進が急速に達成された。具体的には、米国の医療機関における電子カルテ（EHR）の導入を推進することで、医療の非効率を改善し、医療サービスの質の向上と医療費の抑制に注力してきた。

医療経営士●初級テキスト7　17

2011 年には政府補助金制度「EHR インセンティブプログラム (Electronic Health Records Incentive Program)」により米国の公的医療保険の対象となる開業医および病院における EHR の導入率は飛躍的に向上し、2017 年 1 月時点で、80％以上の医師と、ほぼすべての病院（96％）で、何らかの EHR システムが導入されている。

オバマ政権は、HER システムを基盤として、地域を問わず、医師、看護師、薬剤師等の医療関係者や患者が適切かつ安全に患者の電子医療情報へのアクセスおよび共有を行える医療情報交換 (HIE：Healthcare Information Exchange) システムを構築し、患者ケアのスピードや安全性、費用対効果を高めることを目指した。多数の医療機関で、EHR システムの普及が進む一方、患者の医療データの利活用については多くの課題が存在した。

こうした状況を踏まえ、2015 年 9 月に発表した 2020 年までの 5 か年連邦医療 IT 戦略計画において、EHR システムを介した医療データの交換・活用に向けた医療 IT の相互運用性の確立を主要課題と位置づけた。

また、オバマ大統領（当時）は 2015 年 1 月の一般教書演説で、科学技術に関する政策として、「精密医療イニシアティブ (PMI：Precision Medicine Initiative)」を発表した。政府は PMI について「これまでの平均的な患者を想定した一律の治療方法 (one-size-fits-all-approach) から脱却し、遺伝子、環境、ライフスタイルに関する各個人の違いを考慮した上で、個人ごとに最適な予防医療および治療を行うことを目指す、画期的な医療アプローチ」と定義している。ゲノム解析技術の急速な発展を背景に、個人の疾患リスクを把握し、ゲノムレベルの差異も考慮した健康管理・予防医療を提供することが現実的となる中、医療ビッグデータを活用した個別最適化における究極の取り組みである。

単純な例としては、かつてアレルギー等の副作用を起こした薬剤等を使わないといった活用法から、遺伝子情報や禁煙・飲酒等の生活習慣を考慮した個人ごとのリスク分析に応じた健診計画、医療保険の最適化、さらにリキッドバイオプシーなどの情報による個人ごと、疾患ごとの治療効果予測、副作用予測に及ぶ予防、診断、治療を包含し医療経済的な要素も取り入れた一大構想であった。

オバマ政権を引き継いだトランプ大統領は、オバマケアの廃止を公約に掲げていたが、2018 年 3 月の時点で、廃止は実現できていない。公的保険のカバーから外れる 3,000 万人以上の対象者への代替手段の詳細が確定できていないためとも言われているが、今後の動向が注目される。

日本においても、情報化の推進と個別化医療の流れは不可避であると考えられ、医療サービス・患者サービスに携わる者は、この辺りのトレンドを把握していく必要があると考えられる。

医療サービスの理解—医療の質と患者サービス **④**／医療従事者からみた医療サービス、患者からみた医療サービス **⑤**

⑤ 医療従事者からみた医療サービス、患者からみた医療サービス

1 この20年間の「医療サービス」に関する国民意識の変遷

　長年、医療界で頑張ってきた医師たちが、一種のノスタルジー（懐古）も込めて「昔はもっと医師が尊敬されていた」、「医師もやりにくい時代になったものだ」といった感想を漏らすことが増えてきた。また、一部の高齢の患者が「自分は難しいことはわかりませんから、すべてお任せします」というのを聞くこともある。このような発言は、筆者が研修医やレジデントであった時代には一般的であった。

　このような一種の「古き良き時代」が変化したのはここ10年余りのことであり、ここでその間の変化の流れを考察してみる。

（1）1999（平成11）年
「医療機関と患者との関係」の大きなターニングポイント

　インパクトがあった出来事として、横浜市立大学病院における「患者取り違え事故」（看護師が1人で2名の患者を手術室に搬送し、肺の手術の患者と心臓の手術の患者を取り違えて手術を行ってしまった）の報道を思い出す人が多いだろう。

　この事件は「病院や医師にすべてお任せしておいてはとんでもないことになる可能性がある」ということを端的に示した点で、「医療機関と患者との関係」の大きなターニングポイントとなった。

（2）2001（平成13）年
「患者の呼称に"様"を付ける」ことが推奨される

　厚生労働省が当時所管していた「国立病院（現在は独立行政法人国立病院機構）・療養所における医療サービス向上の指針」を発表。この中で「患者の呼称の際、原則として、姓名に"様"を付けること」を推奨している。「患者様」という呼称自体が適切かどうかはさまざまな議論があろうが、患者サービスを考える上での基本的な姿勢として問題提起をした意義は大きかったと思われる（現在は「様」ではなく「さん」と呼称する医療機関のほうが多いようであるが、「サービスが悪いのに『様』とだけ呼ばれてもアンバランスでかえって困惑する」といった患者側の心理を反映したものと思われる）。

医療経営士●初級テキスト7　**19**

第1章　総論　医療サービスの定義と理解

　医療関連のニュースは国民の関心が高く、視聴率を取りやすいといった制作サイドの思惑もあり、かなりセンセーショナルにマスコミで取り上げられた。複数の週刊誌（『週刊ダイヤモンド』『週刊東洋経済』などが代表的）において、「全国の名医百選」「医師が選ぶ名医ランキング」などの特集が組まれ、また同様のランキング本が数多く発刊されたのもこの頃からである。さらには、インターネットの普及に伴い、医療機関の情報検索サービス（「Yahoo! ヘルスケア」や「goo ヘルスケア」など）がサービスを開始し、また病院格付けサイト（「病院の通信簿」など）の活動も盛んである。

■ (3) 2004（平成16）～2006（平成18）年 消費者基本法により「医療消費者」の概念が誕生

　2004（平成16）年、消費者基本法が制定された。これは、一般の消費活動に関して消費者を保護するために、安全の確保、選択の機会の確保、必要な情報の提供、協議の機会の確保、意見の反映、被害の救済などの原則を定めた法令であり、当時問題となっていた悪質な訪問販売や通信販売に対するクーリングオフ制度の適用等、その意義は大きいものである。

　この原則はほぼそのまま医療にも当てはめることができるものであり、これを受けて「医療消費者」なる考え方が登場し、現在では定着しつつある。象徴的な出来事は2006（平成18）年4月の診療報酬改定時に制度化された「医療費明細書発行の義務化」である。従来は、病院の会計窓口で精算する際の医療費は総額のみで明細を提示することはなかったが、改定により「求めがあれば明細書を発行すること」と義務付けたのだ。これは、医療事故や薬害が発生した場合において、どの薬剤や医療材料を使用していたかが患者側に通知されていないことへの対策の意味合いが強い。「消費者保護」の精神に則った施策と言えよう。

　「医療消費者」の考え方が普及するにおいて、いわゆる「図に乗る患者」も出現し始めた。例えば、「サービスをしてもらって当たり前」という意識の患者や、理路整然と異義を申し立て、要求が実現するまで追及の手を緩めない"筋論クレーマー"である（表1-2）。

表1-2　筋論クレーマーの定義と特性

筋論クレーマー：「それはおかしいのではないか？」という視点から、疑問、質問、異議、抗議を病院に言ってくる患者
1．最初の対応での「誠意の欠如」が発端となる
2．筋の通った問題提起をし、疑問を突きつける
3．社会的視点を持ち、企業や社会の弱点を心得ている
4．年齢的には40代後半から60代が多い
5．プライドが高い
6．過去に「要求を実現」させた経験を持つ人が多い
7．納得できないと「トップ」「当局」「マスコミ」にタレ込む
8．最悪の場合、訴訟も厭わない

医療従事者からみた医療サービス、患者からみた医療サービス ❺

　これらのタイプへの医療機関側の準備はほとんど整っていなかったため、対応に大きな混乱をきたした（外来がストップしてしまったり、医療従事者への暴力行為に発展した事例も報告されている）。

　通常のサービス業や製造業では、このような消費者対策は10年以上かけて繰り返し改善され、練り上げられてきたシステムを有しており、まったく無防備であった医療機関で当初混乱が起きたのも無理はないところであろう。しかし未だに一部の医療機関の経営者や医療従事者においては、サービス業としての医療の一面に対して正面から対策を講じていない（あえて講じない？）風潮があるのも確かである。

　一部の医療機関では暴力対策として警察OBを雇い、クレームの現場に駆けつけるようにしたり、また別の医療機関では患者の言動を録音するために外来にICレコーダーを配置した事例などがあり、それぞれの特定の局面では必要な措置とも思われるが、問題の根本的な解決になっていないというのが、客観的な見方であろう。

（4）2007（平成19）年以降 「医療界の2007年問題」―団塊の世代の高齢化により、患者の受療行動に変化

　「医療界の2007（平成19）年問題」と呼ばれていた患者側の質の変化の問題が指摘されている。「2007年問題」とは、一般に「団塊の世代の退職を機に、日本の社会や経済構造が変わっていく」ことを指し、社会全体としてどのように対応していくかという大きな問題を包含するものである。医療においては、従来の高齢者のように「医師を尊敬し、すべてお任せします」というタイプは減少し、「医療においても自分で判断して選択し、間違っていると思えば遠慮なく意見を述べる」タイプが増加することを示す。これは2007年以降継続するトレンドであり、いずれ大多数の患者がこのタイプに移行することは自明である。現状では、各医療施設の努力により対応している状況で継続している。

　団塊の世代は2015（平成27）年には65歳以上に、2025（平成37）年には75歳以上に達する。これは高齢者の生活環境や意識、価値観がますます多様化し、さまざまな高齢者のニーズに応えることができる医療・介護福祉サービスの構築が求められることを意味する。2025（平成37）年には平均寿命は男性81歳、女性88歳を超えると予想され、健康寿命も延びるため、「老後」ではなく「第二の人生」として、生涯現役の位置づけが必要となる。

　団塊の世代の特徴として、各々の価値観を確立していることから、「歳をとっても、自分ができることは自分で行う」という意識が強く、ボランティア活動など地域社会への関わりに対する意欲を持つ高齢者が増加するであろう。これらの世代は、公的年金の充実に伴い、相対的に経済状況が豊かなことも特徴である。

　また一方で、2025（平成37）年までに認知症高齢者が急増することが予測されている（2012年厚生労働省算出、認知症高齢者数2020〔平成32〕年：410万人、2025〔平成37〕年：470万人）。この推計値は2002（平成14）年時点では2025（平成37）年：約320万人とされ

医療経営士●初級テキスト7　21

ており、大幅な上方修正が行われている。予測を超えた認知症高齢者の増加は、要介護者や孤独死の増加といった社会的に深刻な問題を提起していると言える。
　今後、これらの変化を踏まえた新しい医療サービスへの取り組みが求められるであろう。

(5) 医療・介護を取り巻く環境の変化

①医療界の2025年問題：「団塊の世代が75歳以上の後期高齢者に移行する」

　戦後の高度経済成長を支えた団塊の世代は人口が多いことから、社会保障制度に与える影響は大きい。特に団塊の世代全員が75歳以上の後期高齢者となる2025年は、医療需要の増加と医療費の増大、認知症の患者数の増加が見込まれている。一方で少子化が進む中、医療費を含む社会保障費を負担する側のタスクは過大となり、持続可能性にも疑問符がつくようになってきている。
　日本の人口ピラミッドの変化（2030年・2055年は推定値）が示すとおり（図1-5）、2030年に最も多い年齢人口は57歳、2055年には82歳となると推計されている。総人口も漸減を続け、2055年には9,000万人を切ることが予測されている。
　さらに、何人の労働人口が65歳以上の高齢者1人を支えるかを算出すると、2005年の時点では3.0人で1人であったのが、2030年には1.7人で1人、2055年には1.2人で1人という数値になる。このような変化は日本のみならず世界のどの国でもいまだ経験したことのない状況であり、その対策は急務と言えよう。医療サービス、患者サービスを考えた場合も、高齢者を前提としたサービス構築が基本となると思われる。

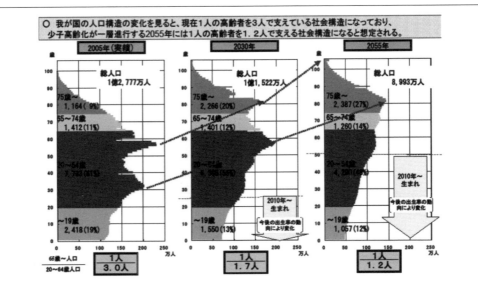

図1-5　**人口ピラミッドの変化**
2005年、2030年、2055年（平成18年中位推計）

②医療従事者の働き方改革

　医療の高度化や患者の高齢化に伴う医療依存度・介護依存度の上昇は、少子高齢化社会の必然である。この状況に対応するための医療安全対策の推進やインフォームドコンセントの普及、チーム医療の推進は、現場の業務の複雑化・高度化をもたらし、医師に長時間労働を強いる形となっている。

　2016（平成28）年1月に発生した新潟市民病院の研修医の自殺問題を契機に、労働基準監督署による医療機関への立ち入り検査が2017（平成29）年以降に本格化した。多くの医療機関における医師の過労死レベルの超過勤務、超過勤務手当の未払い、労使間での36協定の未締結などの問題が次々と明るみに出ている。

　労働基準法の遵守はコンプライアンス上重要な責務であるが、一方で少ない医療従事者と増加する業務量、特に地方における医師不足や、多くの病院における厳しい経営状態を考えると、現状のままでは、特に外科手術数の激減を引き起こし、多くの医療機関の経営破綻と、それに続く地域医療の崩壊をも危惧される危機的な状態と考えられる。

　厚生労働省は2008（平成20）年度診療報酬改定以降、医師事務作業補助者の制度の拡充を改定でほぼ毎回行っており、一定の成果を挙げているが、医師の本来業務の業務量の縮減は難しい。

　今後、医師の業務量の縮減に向けては総合的なサポートが必要とされる。具体的には、▽AI等の活用による問診業務や診断業務の自動化、▽オンライン診療の活用による高度医療のセンター化、▽診療情報の一元的な管理やPHR（Personal Health Record）との統合等による事前情報の活用――といったITや医療以外の社会システムとの統合が挙げられる。

2　「患者視点に立った医療サービス」システムの構築

　このような時代の経緯を踏まえて考えると、患者側の意識や構成が変化してきており、医療側はこれに対応することが求められていることがわかるだろう。

　まずは患者視点に立ってシステムを構築することが求められ、その際には医療資格保有者も非保有者も含めて組織として対応の方針を定め、それに従って運用規定を作成することが必要である。その際には医療はサービス業である、と明確に定義することが必要である。

　組織としての基本的な対応姿勢が定まれば、自ずと現場の対応も統一される。その結果を一定期間をもって評価し、さらに現場の従事者や患者の意見を取り入れて改善を繰り返すことで、その医療機関の特徴にあった医療サービス・患者サービスの提供が可能になるのだ。

第1章　総論　医療サービスの定義と理解

■ (1) データに基づく受療行動の検証

　厚生労働省の「平成26年受療行動調査」によれば、調査日に受診した病院について、全体として「満足」と回答した外来患者は58.3％、「不満」と回答した外来患者は4.8％となっている。病院の種類別にみると、「満足」と回答した外来患者は特定機能病院で65.3％と最も高くなっている（図1-6）。

　外来患者全体としての病院の満足度を経次推移でみると、2014（平成26）年は前回2011（平成23）年の50.4％から58.3％と向上しているが、一方で不満と答えた割合も4.3％から4.8％に増加している（図1-7）

　項目別の満足度では、「医師による診療・治療内容」「医師との対話」「医師以外の病院スタッフの対応」「診察時のプライバシー保護の対応」は「満足」が5割を超えているが、「診察までの待ち時間」は「満足」が3割弱となっている（図1-8）。

　医療および周辺サービスについての満足度は高いものの、医師のマンパワーに大きく左右される診察までの待ち時間と診察時間については、周辺スタッフの協力によるカバーが難しいことを示していると言える。

　調査日に入院している病院を全体として「満足」と回答した入院患者は67.5％、「不満」と回答した入院患者は4.2％となっている。病院の種類別にみると、「満足」と回答した入院患者は特定機能病院で76.8％と最も高くなっている（図1-9）。

　さらに入院患者の病院に対する全体的な満足度を年次推移でみると、「満足」は増加傾向となっている（図1-10）。

　項目別に入院患者の満足度をみると、すべての項目で「満足」の割合が多く、「医師による診療・治療内容」69.7％、「医師以外の病院スタッフの対応」69.6％、「医師との対話」65.2％となっている。「不満」の割合は、「食事の内容」13.6％で高くなっている（図1-11）。

　年齢階級別に入院患者の満足度をみると、「満足」の割合は「0～14歳」が73.7％と最も高くなっている（図1-12）。

　入院期間別に入院患者の項目別満足度をみると、「医師による診療・治療内容」および「医師以外の病院スタッフの対応」の「満足」の割合は、「0～14日」でそれぞれ76.9％、74.5％で、入院期間が長くなるにしたがい低下している（図1-13、図1-14）。

　また、「食事の内容」の「満足」の割合は、すべての入院期間で4割程度となっている（図1-15）。

医療従事者からみた医療サービス、患者からみた医療サービス ❺

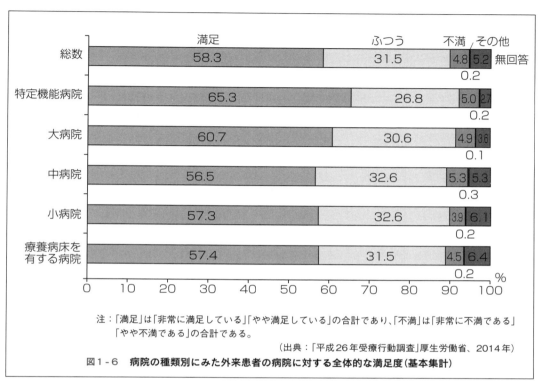

図1-6　病院の種類別にみた外来患者の病院に対する全体的な満足度（基本集計）

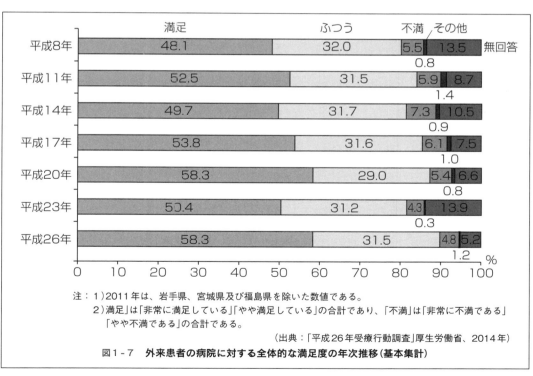

図1-7　外来患者の病院に対する全体的な満足度の年次推移（基本集計）

第1章 総論 医療サービスの定義と理解

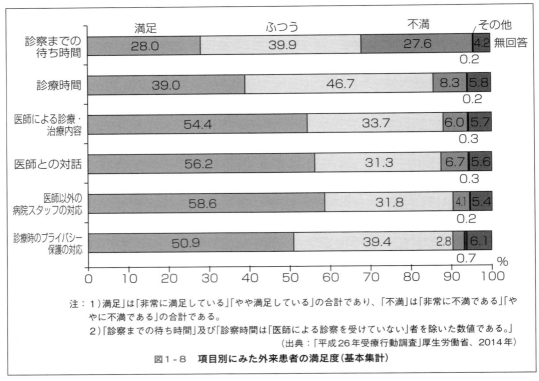

図1-8 項目別にみた外来患者の満足度（基本集計）

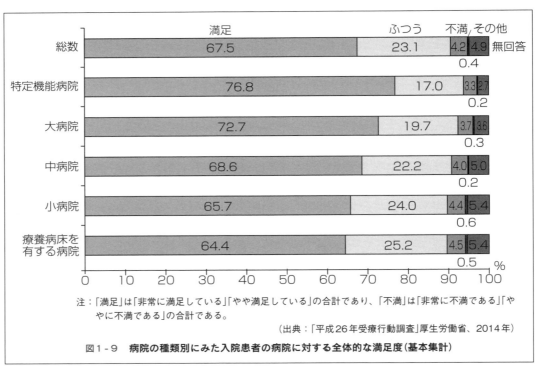

図1-9 病院の種類別にみた入院患者の病院に対する全体的な満足度（基本集計）

医療従事者からみた医療サービス、患者からみた医療サービス 5

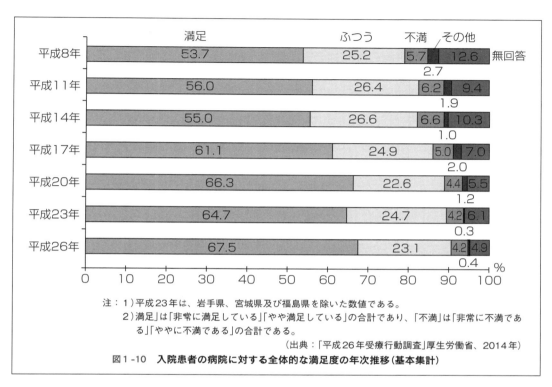

図1-10 入院患者の病院に対する全体的な満足度の年次推移（基本集計）

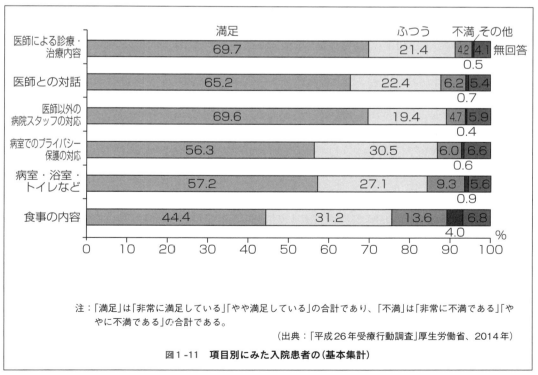

図1-11 項目別にみた入院患者の（基本集計）

第1章 総論 医療サービスの定義と理解

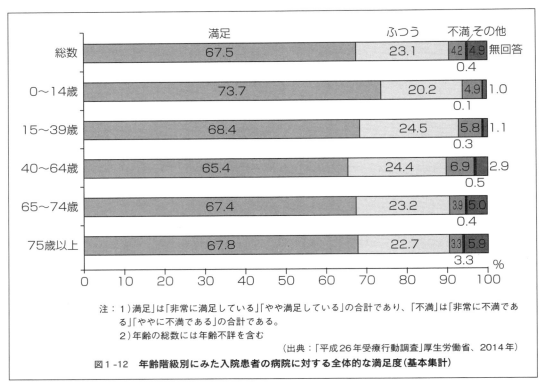

図1-12 年齢階級別にみた入院患者の病院に対する全体的な満足度(基本集計)

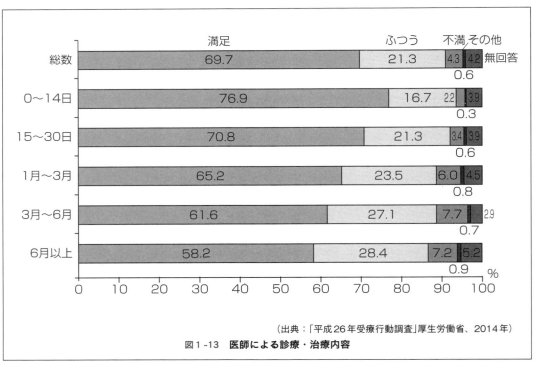

図1-13 医師による診療・治療内容

医療従事者からみた医療サービス、患者からみた医療サービス ⑤

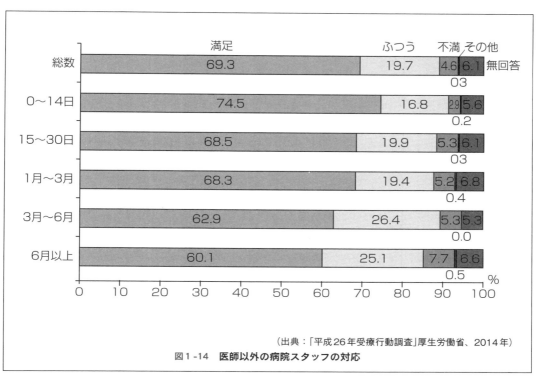

（出典：「平成26年受療行動調査」厚生労働省、2014年）
図1-14　医師以外の病院スタッフの対応

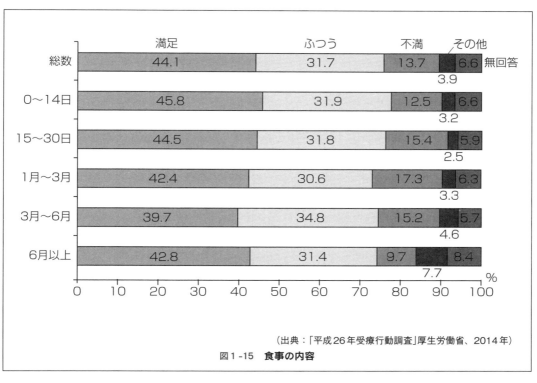

（出典：「平成26年受療行動調査」厚生労働省、2014年）
図1-15　食事の内容

第1章　総論　医療サービスの定義と理解

6 地域医療連携における医療サービスの役割

1 地域医療連携においては医療サービスの連携も必須

　地域医療連携はわが国の医療における大きな流れである。主治医（かかりつけ医）としての役割を担う診療所、急性疾患の検査や治療を担当する急性期病院、リハビリ等を担当する回復期リハビリテーション病院、単一の専門分野に特化した機能を提供する専門病院、往診を中心とした在宅医療を担当する在宅支援病院・診療所など、診療科単位ではなく機能単位での病院の役割分担と分化が進行している。

　この流れには2000（平成12）年の診療報酬改定を通じて中小の総合病院型の急性期病院が経営的に存続しにくい形に誘導されてきた政策的な背景があり、病院数・病床数を削減して効率化を図り、医療費の伸び率の低下を目論む厚生労働省、ひいては国の政策とも言える背景がある。

　このような動きは、国の政策としての医療供給は単一医療機関完結型から地域完結型への転換というキーワードで表すことができる。

　地域医療連携における医療サービスの連携ももはや避けては通れない状況であるが、そのあり方として留意すべきことは、サービスの対象が患者のみではなく、紹介元の医師ないし医療機関にも広がることである。

（1）患者からみた地域医療連携の意義

　ア．医療機関に関する情報提供
　　　・より包括的な医療機関の情報提供
　　　・個々の事情（生活面も含めて）を考慮した情報提供
　イ．患者の情報の円滑な伝達
　　　・検査等の重複を避ける
　ウ．特定の系列を超えた連携の推進
　　　・大学、法人グループ、学会の系列の枠を超えた連携の推進
　　　・系列外であっても快く紹介状を書くことが可能に
　また、将来的には紹介状制度のあり方も課題である。問題点として、①紹介状がないと他院に移れない（移りにくい）現状、②紹介状の中身を患者自身がみることができない、③

30 医療経営士●初級テキスト7

紹介状をとるのに時間がかかる——などがある。

（2）医療機関からみた地域医療連携

連携の推進により紹介元との間の有機的な関係性が構築され、医師同士の信頼関係の構築や情報交換を通じて、地域全体としての医療機能の向上を目指すことができる。急性期病院は急性期の治療が終了した際にその後を引き継ぐ医療機関を確保できることになり、診療所（開業医）は病状が急変した際や合併症を生じた際などの受け入れ先を確保できることになる。

また、紹介状を書いた場合に診療報酬が得られるような政策誘導が行われており、さらに紹介状を持たずに200床以上の急性期病院を受診した場合に、患者に対して初診料に加え選定療養費を請求するように定めている。これは、軽い症状の患者が自己判断で大病院を受診することを抑制し、まずはかかりつけ医を受診するよう誘導するもので、日本の医療制度の原則であるフリーアクセスの部分的な制限とも言える。

2 医療機関同士の情報ネットワークも医療サービス

地域医療連携を機能させるために必須となるのが、情報の連携である。紹介先の医療機関において継続療養をスムーズに行うためには、紹介元医療機関での治療経過や検査結果、現時点での主治医の意見等の詳細情報が必須であり、この連携がうまくいかない場合は、治療の開始が遅れたり、検査や投薬が重複したりする可能性も生じる。

紹介元と紹介先は基本的には"持ちつ持たれつ"の対等な関係であるが、個々の紹介行為においては、顧客（患者）を紹介する紹介元と、顧客（患者）を紹介してもらう紹介先、という関係性が成立する。これは一般企業のマーケティングにおけるB to B（Business to Business）の関係に相当する。ちなみに一般の医療機関と患者個人の関係性はB to C（Business to Customer）ととらえることができる。したがって、顧客（患者）を紹介してもらう紹介先医療機関からみれば、紹介元医療機関も顧客であるとみなすことができる。しかも患者個人が医療機関を受診するのは病気にかかったときに限られるが、紹介元医療機関は業務として診療を行っており、次に別の患者について同様に紹介してくれる可能性が高い「重要な顧客」と位置づけることが可能である。

しかも、これらの紹介対象の患者は「紹介元の医師の診断」というフィルターを通しているため、自身の判断で飛び込み受診した患者よりも有病率が高い。したがって、精密検査を受けたり、入院したり、最終的には治療を受けたりする確率の高い患者ということができる。これらの優良顧客といえるような患者を紹介してくれる紹介元医療機関は、非常に重要な顧客であると考えられる。

紹介先医療機関としては、紹介元医療機関に対してさまざまなサービスメニューを提供

第1章　総論　医療サービスの定義と理解

して継続的に患者紹介をお願いしたい所以である。

　筆者が以前勤務していていた名古屋大学医学部附属病院では、紹介元医療機関に対する
サービスとして、定期的な勉強会開催、新規医療機器等の導入時の内覧会への招待、紹介
患者に対して専属の医療コンシェルジュのサポート、高額医療機器（PET、MRI、CT等）
の電話予約受付、などをサービスとして行っていた。同様の取り組みを行っている医療機
関は少なくない。

　このような医療機関が他の医療機関にサービスを行うという考え方は比較的新しいが、
今後急速に普及することが予想される。当然、この分野での医療サービスが1つの経営上
の重要な因子となる可能性は高く、医療サービス提供者として関心を強く持ち、「何を提
供できるか・提供すべきか」について常に考えるべきであろう。

3 地域包括ケアシステムの構築・オンライン診療の導入とICTの活用

　厚生労働省は、団塊の世代が75歳以上となる2025年を目途に、地域包括ケアシステム
の構築の実現を目指している。そのため重度の要介護状態となっても住み慣れた地域で自
分らしい暮らしを人生の最後まで続けることができるよう、住まい・医療・介護・予防・
生活支援が一体的に提供される体制づくりが進められている。これは日本の社会保障制度
を将来にわたって持続可能なものとするために行われた、社会保障制度改革国民会議の議
論（2013〔平成25〕年8月に最終報告書提出済み）に基づいたものである。

　また、認知症高齢者の増加が見込まれることから、認知症高齢者の地域での生活を支え
るためにも、地域包括ケアシステムの構築が重視されている。

　人口が横ばいで75歳以上人口が急増する大都市部、75歳以上人口の増加は緩やかだが
人口は減少する町村部など、高齢化の進展状況には大きな地域差が存在するため、都道府
県単位で地域医療計画を立案し、2016（平成28）年度から実施が始まっている。

　基本的には、患者が急性期にある場合と、慢性期のある場合で大別した上で、急性期病
院中心の医療と、在宅中心の医療・介護を患者の状態に応じて最適化して使い分けること
が想定されている。その際、かかりつけ医（在宅医）がゲートキーパー的な役割を担うこと
が期待されている（図1-16）。

　したがって前述の地域医療連携からさらに範囲を広げ、医療施設のみならず、介護事業
者や行政、ボランティア等を含む関係者が、当該患者の情報を共有し、それらを利活用す
ることにより、患者にとって最適な医療・介護環境を確保し、持続可能な運用が実現でき
ると期待されている。

　ここで重要なのが、情報共有のためのツールの活用であるが、現時点では複数の事業者
間での、システム的な情報共有の標準的な仕組みは確立されていない。今後、患者サービ

スに関わる者としては、地域包括ケアシステムの目的・あるべき姿をよく理解した上で、ツールの活用と安全性の確保に留意する必要があると考えられる。

さらに、2018（平成30）年4月の診療報酬改定ではオンライン診療が保険収載された。具体的にはオンライン診療料70点（1か月につき）と、オンライン医学管理料100点（1か月につき）が新設された。前者は対面診療の原則の上に、情報通信機器を活用した診療を行った場合に算定できる点数であり、後者はリアルタイムでのコミュニケーションが可能な情報通信機器を用いてオンラインによる医学管理を行った場合に算定できる。

今後、慢性疾患の患者が在宅の状態でオンライン診療を行うケースが1つの定型的なパターンとして定着する可能性があり、患者サービスにおいてもオンライン診療を前提としたサービスの構築が必要と考えられる。

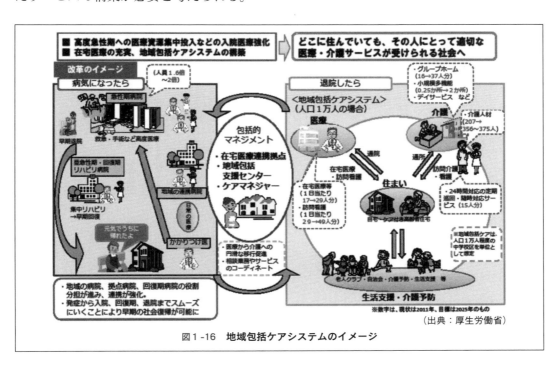

図1-16　地域包括ケアシステムのイメージ

確認問題

問題1 医療サービスについて、間違っているものを選べ。

[選択肢]

①医療における不確実性は、医療技術が進歩することにより解消される。

②患者サービスと医療サービスは、医療機関にとって同等に重要である。

③患者満足度に最も影響を及ぼすのは、医師の面談の内容である。

④地域医療連携は、急性期病院にとっては連携医療機関に対する医療サービスの1つであるとも位置づけられる。

⑤厚生労働省の平成26年度の受療行動調査によれば、待ち時間に対する不満が最も多い。

確認問題

 ①

①×：医療は本質的に不確実であり、同じ薬に対して効果がある人とない人が存在し、また同じ治療でも効く人と効かない人が存在する。将来的に遺伝子解析による個別化医療が進めばある程度解消される可能性があるが、100％確実に結果を予測することは不可能と思われる。

②〇：医療サービスは医療資格保有者が行う医療そのもので、保険給付の対象である。一方、患者サービスは医療資格保有者および非保有者の両方が行うことができる、医療行為以外のサービスである。医療の素人である患者からは、患者サービスのほうが主観的かつ瞬時に良し悪しを判断できるため、医療機関自体の評価につながりやすく、非常に重要である。

③〇：患者満足度に関する複数の調査によれば、医師との面談内容(態度や話し方、服装、診療時間等を含む)が、その医療機関に対する満足度を最も左右する要件であることが報告されている。ちなみに不満として最も多いのは待ち時間であるが、待ち時間が長くても医師との面談内容が満足いく内容であれば、その医療機関に対する評価は必ずしも低下しないことが示されている。

④〇：地域医療連携は患者の疾患のステージにおいて、その時に最も必要な医療を提供できる複数の医療機関が連携して提供するためのシステムであり、現在の医療の根本的な枠組みである。その際には、患者に関する情報、自分の医療機関で提供できる医療内容と実績、活用できる公的な補助制度、入院施設等の環境に関する情報等、患者が受診する際に必要な情報を、医療機関同士が共有した上で、その患者に最適な方針を提案することが求められる。病院はより多くの紹介患者を紹介してもらうために、紹介元の医療機関に対して情報を提供し、患者を紹介する上での便宜を図り、紹介後の経過について逐次タイムリーに情報提供を行うこと、また一連の診療が終了した時点で逆紹介を行うことが必要であり、この方式はB to B型のサービスとして位

確認問題

解答　解説

置づけることができる。

⑤○：厚生労働省の「平成26年受療行動調査」では、待ち時間に対しての不満は27.6％であり、これは医師による診療・治療内容の6.0％、医師との対話の6.7％、医師以外のスタッフの対応の4.1％と比較して、有意に高い結果となっている。

確認問題

問題2 地域医療について、間違っているものを選べ。

[選択肢]

①地域包括ケアシステムは、医療界の2025年問題への対応の切り札として期待されている。

②地域包括ケアシステムにおいては、かかりつけ医が重要なゲートキーパーの役割を果たすことが想定されている。

③地域医療計画は、都道府県単位で実情に応じて策定・実行・評価されている。

④地域包括ケアシステムにおける多職種連携においては、医療資格保有者以外の関係者の役割も重要である

⑤地域包括ケア病棟(病床)の数は、人口ごとに全国一律で決定され、定期的に見直される。

確認問題

解答 解説

解答 2 ⑤

解説 2

①○：医療界の2025年問題は少子高齢化が不可避なわが国における構造的な課題で、現在の医療・介護を含む社会保障制度を持続させるための切り札として、地域性、多職種の参画、急性期と在宅のフェーズの明確化、患者情報の共有と二次利用等をコンセプトして掲げた重要な施策である。

②○：かかりつけ医は、患者の状況を普段から把握し、急性期病院への紹介や地域包括ケア病棟を利用した入院判断、慢性期における在宅医としての役割、医療および介護職との協力の司令塔等としての多面的な機能を果たすことが想定されており、ゲートキーパーとしての位置づけとなる。

③○：地域医療計画は地域性を重視して都道府県単位での策定が行われ、PDCAサイクルを介して実情に合致する形での継続が想定されている。

④○：医師、看護師、薬剤師以外に、行政、民生委員、介護事業者、ボランティア等に加え、認知症高齢者の万引き等の犯罪に対する対策として警察の関与も想定されている。

⑤×：地域包括ケア病棟（病床）の数は、都道府県単位で策定される地域医療計画に基づき、受け入れ先の各急性期病院の実情も勘案して決定され、定期的に見直される。

第2章

各　論　医療サービスの実践

1 医療サービスに必要とされるスキル
2 現場から求められる医療サービス①──未収金対策
3 現場から求められる医療サービス②──待ち時間対策１海外との比較
4 現場から求められる医療サービス②──待ち時間対策２さまざまな対策
5 現場から求められる医療サービス②──待ち時間対策３報告、事例
6 現場から求められる医療サービス③──適切なトリアージ
7 新しい医療サービス提供者の職種
8 医療・患者サービスの実践──医療コンシェルジュの導入事例
9 欧米における医療サービスの現状

第2章　各論　医療サービスの実践

① 医療サービスに必要とされるスキル

　本章では医療サービス・患者サービスにおいて基本となりコミュニケーション能力を高めるために必要な2つのスキル（「医療接遇」と「メディカル・コーチング」）を紹介する。あくまで基本的な知識の紹介に留めるが、実際には実習を含む講習を受けた後、日々の業務の中で実践して身につけていくべきスキルであることをあらかじめ申し上げておく。

1 ┃ 医療接遇

▌（1）医療における接遇とは

　一般のサービス業において接遇は基本的なスキルとして、新入社員の必須の研修項目となっており、その重要性は広く認識されている。しかしながら医療界においては、第1章で述べたように「医療がサービス業である」という認識が長らく主流となっておらず、接遇を重要な要素として取り上げるようになったのは比較的最近であり、いまだすべての病院に浸透している状態ではない。

　医療における接遇が一般のサービス業と違うのは、病院での接遇の対象となる患者が、一般のサービス業とは異なり、身体的ないし精神的に痛みや苦しみを抱えている点である。一般のサービス業のように満面の笑顔で「いらっしゃいませ！」と出迎えるのは、当然ふさわしくない。「この人は私が苦しんでいるのが面白くて笑っているのか？」と患者の誤解を招いてしまうこともあるだろう（しかしながら痛みや苦しみを抱えている顧客を対象とするサービス業は他にも存在する。例えば葬儀屋である）。

　結局、どのような顧客に対してどのような接遇が望ましいかを十分に検討して最適化をすればよいことであり、医療だけが特別ではないことは明らかである。

　サービス業一般に通じることであるが、接遇の基本は顧客の立場に立って、顧客の目線で考えることである。

　ここでは接遇の基本的な考え方を紹介し、その中で医療に特徴的な留意点を挙げながら概説する。

40　医療経営士●初級テキスト7

医療サービスに必要とされるスキル **1**

■（2）コミュニケーションのポイント

　接遇の語源は「人と接してもてなすこと」であり、「もてなし」の英語訳であるHospitality
と病院の英語訳であるHospitalの語源は同一である。むしろ接遇の考え方の原点は病院
にあると考えられるが、もてなし方は場所や状況により当然異なってくる。

　病院に来院する患者は、さまざまな身体的ないし精神的な痛みや苦しみを抱え、その問
題の解決法（治療法）について相談し、最終的には問題を解決（治療）したいと願っている。
その第一歩として医療従事者に自分の目的を伝え、その後の手順等についての指示を求め
ている。すなわち医療機関とのコミュニケーションを望んでいると考えられる。コミュニ
ケーションとは相互がわかり合うことであるが、これを噛み砕くと「はっきりしないでい
た事柄が明らかになり」「相互の認識が一致する」ことである。したがって相互の情報伝達
が必須となる。一方的に患者に説明する医療従事者を見かけることがあるが、この状況で
はコミュニケーションは成立していない。

　コミュニケーション力を向上させるためには、お互いのやり取りの仕方に意識的な工夫
が必要であり、そのスキルは3点に集約できる。

①見る

　まずは「見る」ことである。相手がどのような状況でいるかは、表情や全身の姿勢、しぐ
さなどに現れていることも多く、その状況を一瞥で判断して、受け入れ態勢を整える必要
がある。

②きく

　続いて「きく」ことである。「きく」には耳で「聞く」、口で「訊く」、心で「聴く」の3段階が
あると言われている。

　　聞く：ただ相手の声が耳に入っているのみの状態であり、意識は相手に集中していない
　　　　　状態

　　訊く：相手の言葉に対して自分がどのような返事をしようかということに意識が集中し
　　　　　「口を挟むタイミングをはかっている」状態であり、相手の状態や心情には思いが
　　　　　至らない状態

　　聴く：いわゆる「傾聴」とも通じ、心から深く相手の言葉の意味を感じて、言葉の背面に
　　　　　ある心情等も察することができる状態を指す

「聴く」の状態を常に保つことは相当の集中力とスキルが必要となるが、少なくとも「訊く」
の状態で応対できることが望まれる。

③伝える

　3点目は「伝える」ことである。これは相手に指示や要件を伝えることが直接の目的であ
るが、同時に心や気持ちを形に表す形で伝えることが、重要である。

　例えば患者に検査の予約票を渡すときに、単に片手で渡すのと両手を添えて渡すのでは、

医療経営士●初級テキスト7　41

第2章　各論　医療サービスの実践

随分と印象が違うものである。また「こちらが予約票です」と言葉を添えるのは、親切でわかりやすい印象を与えるし、目線を添えて、笑顔を添えるのも好印象である。

■（3）応対時の基本

患者を出迎える医療機関においては、受付事務員であれ、看護師であれ、技師であれ、医師であれ、患者目線でみればすべて医療機関の職員であり、その発言は「病院が○○と言った」と取られるのが通例である。

医療機関の第一印象を左右するのは最初に応対したスタッフの印象であるため、「スタッフ各自が常に自分が病院の印象を左右している」という自覚を持つ必要がある。応対時の基本として知っておくべきポイントは以下の5つである。それは、清潔感のある身だしなみ、相手を受け止める表情、相手の心を開く挨拶、思いやりが目に見える姿勢と態度、相手の立場に立った言葉遣いである。

①服装

服装は医療機関という場所柄を考えても清潔感が第一である。クリーニングがされていることは当然であるが、ボタンが1つはずれていたり、ネクタイが緩んでいたりしても、清潔感を損ない、爪の長さや、髪の束ね方1つでも、患者に与える印象が異なってくる。細かい規程は各医療機関で決められているが、患者が「この人となら気持ちよく会話ができる」と感じるような服装・身だしなみが基本となる。

②表情

表情は必ずしも満面の笑みを浮かべている必要はなく、歯を見せない口角だけを上げた笑顔が基本形となる。視線は相手をやさしくとらえて、「私はあなたのお話を聴く態勢が整っていますよ」というメッセージを発するような表情が1つの理想型である。

③挨拶

挨拶は初対面の相手に対して声かけをする際のきっかけとして重要である。「おはようございます」「こんにちは」等の短くて簡潔な言葉をはっきりと伝えるのが好ましい。その後に「何かお手伝いいたしましょうか？」「どのようなご用件でしょうか？」等と続けるのがスムーズな運びである。

④姿勢と態度

思いやりが目に見える姿勢と態度とは、相手に正対して話を聴く姿勢を作ることであり、相手の話を真剣に聴く心構えができている、という態度を示すことである。電話をかけながらや書類を記入しながらの応対は、相手に「真剣に応対してくれていないので」は、という疑念を生じさせる態度であり、避けるべきである。もし電話中に話しかけられたら、「電話が終わりましたら参りますので、少々お待ちください」と伝えて、電話が終了した後、正対して応対すべきである。

また、座っている患者に対しては、スタッフはかがむか立て膝になって、目線の高さを

合わせて話を聴くのが好ましい。

⑤**言葉遣い**

　言葉遣いは、具体的に思いやりを伝える重要な手段であるが、いくつかのポイントがある。まず確実な返事をすることである。「はい」だけでは通常十分ではなく、「はい、○○ですね」、「はい、○○を確認して参ります」というように、コーチング理論で言うところのバックトラッキング(Back tracking、おうむ返し)のテクニックを駆使することにより、相手に対して安心感を与えることができる。

　また、用件を切り出す前に「ただいまお時間はいかがでしょうか?」等、都合を確認する前置きを入れることも思いやりの表現方法である。相手に対して指示をする場合でも「○○してください」と命令形で言うよりも、「○○してくださいますか?」と質問形で頼むほうが思いやりが伝わる表現となる。

　患者対応では敬語を使うのが基本形であり、敬語は相手を敬うことにより相手との距離を埋める言葉であり、正しく美しい言葉はしばしば聞く者をよい気分にさせ、その場の雰囲気を好転させるものである。重要なのはいかに相手の気持ちに配慮した対応をするかであり、言葉遣いはその結果として自然についてくる形が理想である。

2 　コーチング

▌(1)コーチングとは

　コーチングとは、人材開発のための技法の1つである。コーチ(Coach)とは、英語で馬車を意味するが、馬車が人を目的地に運ぶ機能を有することから転じて、「コーチングを受ける人(クライアント)を、目標達成に導く人」を指すようになったとされている。

　スポーツ選手の指導を行うコーチが一般的に知られているが、現在では交流分析や神経言語プログラミング(NLP：Neuro-Linguistic Programing)などの手法を取り入れて、ビジネスや個人の目標達成の援助にも応用されており、さらに最近は医療分野にも取り入れられている。これが「メディカルコーチング」である。

　コーチングを大別すると、コーチングを受ける側の情報整理を手伝い、異なった視点から観察するように促して気づきを待つ等の手法を用いた「メンタルコーチング」と、コーチ自身がその分野に関して一定のスキルと知識を有し、それをベースに個人のスキル向上を促す「スキルコーチング」に分けられる。一般的には、「スキルコーチング」は目的が明確でより適切な課題を設定できることから、「メンタルコーチング」と比較して効果が期待しやすいとされる。

　コーチングにおいて誤解されやすいのが、コーチの立ち位置である。一般にコーチングにおいては、コーチされる側の個人の能力を可能な限り引き出し、それによって問題解決

第2章　各論　医療サービスの実践

を図ったり、スキル向上を実現することを目標としており、コーチの考え方を押し付けたり、画一的な目標を定めたりすることはない。あくまで、「答えはクライアントの中にある」のである。この点が、一般的な教育と大きく異なる点である。

　スポーツでは個人を育てることが理解されやすいが、ビジネスにおける会社組織や病院等の組織においては個人の育成について受け入れにくい点があるかもしれない。しかしながら、組織の構成単位は最終的には個人であることから、個人の能力をいかに発揮させるかは、すべての組織にとって重要な課題である。

　また、医療において医師、医療従事者と患者との関係は、コーチングの適用が効果を上げやすい分野と言える。

■（2）コーチングの技術

　一般的に利用されるコーチングの技術は、傾聴のスキル、承認のスキル、質問のスキルの3種が挙げられる。

①傾聴のスキル

　傾聴のスキルは接遇の項でも紹介したが、「耳で聞く」、「口で訊く」、「心で聴く」の3段階が存在し、医療においても、患者の状況を理解し、個別の要望を把握するための最初のステップとして重要なスキルである。特に3段階目の「心で聴く」のレベルに到達するにはそれなりの経験が必要となる。「相手のために話を聴く」ということは、もっと具体的にいうと、「どうしたらこの人は本来持っている力を最大限に発揮し、自立することができるだろうか」ということを念頭に置きながら、相手の話を聴くということである。ここで注意しなければならないのは、相手が自立するための「答え」を用意するのはこちら側でなく、あくまでも相手本人であるということ。こちら側はただ相手が答えをみつけやすくなるように、質問によってサポートする立場である。

②承認のスキル

　承認のスキルは対人関係を良好にするコミュニケーション技術の1つで、最初に相手の存在そのものを認め、さらに相手の見て取れる違いや変化、成長や成果にいち早く気づき、それを言語化して相手に伝えることである。ここでの留意点は承認と褒めることはイコールではないことで、例えば、「前よりずっといいね」とか「あなたってすごいね」といったような褒め言葉や賞賛には、その人に対するあなたの評価が表現上に追加される。

　これは、相手のモチベーションを上げるための有効な方法の1つではあるが、評価的なニュアンスが強くなると、「良い、悪い」、「評価する人、される人」という構図ができあがってしまう。特にビジネス上の上司と部下の関係においては、部下がメッセージを受け取りづらくなる可能性があるとされる。医療現場においては、患者が主役であることを原則と考えるのであれば、医療従事者が主観的に評価することによって、患者より上の立場に立つことは好ましいこととは言えないと考えられる。

医療サービスに必要とされるスキル ❶

ア．承認のスキルの活用

承認のスキルを効果的に使える場面は、例えば、以下のような局面であると考えられる。
- 相手の具体的な成果や変化に気づいたとき
- 相手が自分の宣言どおりの行動を起こしたとき
- 相手が宣言どおりのことができなかったということを話してくれたとき（できなかった、やれなかったという事実の受け止め）

これらは、医療現場においても患者が自ら積極的に治療に取り組んでいる様子がわかった場合などに、非常に応用がきく手法である。

スキルの使い方としてはまず、相手の事実（どのように変化・成長したのか、何を達成したのか、現状）を知ること。

次に、特にあなたが見たもの、聴いたことを明確に言葉にして伝えることである。このとき、「Aさんより良い」というような誰かとの比較や評価のニュアンスを与えないように注意する必要がある。最後にあなたの言葉がしっかりと相手に届き、受け入れられるのを待つことになるが、この際に相手の一瞬の表情の変化や、声のトーンの変化、その他微妙な動作を見逃さないよう観察することが重要である。

イ．承認の表現

承認を行う場合の表現方法として、表現者の立ち位置が1つの重要な要素となる。

すなわち「YOUメッセージ」、「Iメッセージ」、「WEメッセージ」の3種類である。

YOUメッセージは「あなたは○○だね」という伝え方で、この表現は時として、評価や賞賛のニュアンスが強くなり、相手によっては受け入れづらい場合があるので注意が必要である。

Iメッセージは「私は、○○のように感じました」という伝え方で、あくまでも、伝える本人が感じたままを伝えるので、受け取りやすい利点がある。

WEメッセージは「あなたがしてくれたことは、私たちにこのような影響を与え、貢献している」という伝え方で、受け取った側は自分の貢献度合を実感できることから、非常に受け入れやすく、モチベーションが上がる良い効果が期待できる手法である。これが上手に使える場合は、承認の上級者と言える。

③質問のスキル

ア．開いた質問（オープンドクエスチョン）と閉じた質問（クローズドクエスチョン）

質問のスキルで、知っておくべき知識として開いた質問（オープンドクエスチョン）と閉じた質問（クローズドクエスチョン）がある。「開いた質問」とは、相手が自由に答えられる質問を言い、例えば、「〜については、どうですか？」、「なぜ、〜なのですか？」の質問様式が相当する。

これに対して「閉じた質問」とは、質問の答えが二者択一でしか答えられない質問を言い、「りんごは好きですか？」、「この病院にかかるのは初めてですか？」などの質問様式が相当

医療経営士●初級テキスト7　45

第2章　各論　医療サービスの実践

する。

　一般にコーチングでは「開いた質問」を多用する。相手が本当に言いたいこと、聴いてほしいことを引き出すためには、質問を多用することで相手が自由に話せるからである。ただ、タイプによっては、最初から重い（深刻な）質問をされると、答えられない場合もあるので、相手の様子をみて、最初は答えやすい、「閉じた質問」から始め、徐々に「開いた質問」に移行するのが無難である。

イ．拡大質問と特定質問

　質問のスキルとして他に知っておくべきものとして、拡大質問と特定質問がある。「拡大質問」とは、質問をされた人がすぐには答えられないような質問、あるいは回答が複数あるような質問をいい、例えば、「あなたは将来、何になりたいのですか？」、「あなたにとって一番大事なことは何ですか？」といった質問形式である。拡大質問の「拡大」とは、相手の持つ能力や可能性を「拡大する」という意味を含んでいる。

　「特定質問」とは、質問をされた人が、それほど考えなくてもすぐに答えられるような質問をいい、例えば、「あなたの生まれはどこですか？」、「あなたはこの病院にかかり始めて何年ですか？」という質問方法がこれに当たる。

　また、正解が1つしかなく、誰が答えても基本的には同じ答えが返ってくるような質問も特定質問になる。例えば、「今日は何日ですか？」、「日本の首相は、現在は誰でしたっけ？」という質問である。

　さらに、「はい」や「いいえ」で答えられるような質問も特定質問に分類される。「あなたは独身ですか？」、「あなたは中途入社ですか？」といった質問である。

　特定質問は、相手の言ったことを確認したり、単純な選択を促したりするときなど何かを「特定」したいときに使う質問であり、その意味ではあまり相手の可能性を拡大することにはつながらない。

　通常、コーチングでは、「拡大質問」を多く使用する。その理由は、拡大質問のほうが、特定質問に比べ、相手の潜在意識のより深いところから考えや思いを引き出すことができるからとされる。

　特定質問では、顕在意識のレベル止まりであるか、もしくは潜在意識に入り込めたとしても、比較的浅い部分でとどまってしまう。

　医療分野においても同様であるが、決して特定質問を使っていけないということではない。あくまでも相手の意識の深いところにあって、相手自身もまだ気づいていない「答え」に気づいてもらうためには、拡大質問のほうが有効であるということを認識する必要がある。

ウ．肯定質問と否定質問

　さらにもう1つの質問のスキルとして、「肯定質問」と「否定質問」がある。

　「肯定質問」とは、問いの中に、「ない」という否定形の言葉を含まない質問をいう。問い

から受ける印象は、「拡がりがある」、「明るい」という感じで、例えば、「どうしたらうまくいきますか？」、「はっきりしていることは何ですか？」という質問形式である。

これに対して「否定質問」とは問いの中に、「ない」という否定形の言葉を含む質問をいう。問いから受ける印象は、「窮屈な」、「暗い」という感じで、例えば、「どうしてうまくいかないのか？」、「何がはっきりしないのか？」という質問形式である。

上記の感じ方の違いは、質問を投げかけられた患者の意識が、どの質問を投げかけられるかによって、どのような方向に向くのかということに大きく影響してくる。

医療従事者の何気ない否定質問により、患者の望んでいる方向とは別の方向に意識を向けてしまうことがあり、結果として患者が必要とする答えが得られない可能性を高くしてしまうこともあり得るからである。質問のスキル全般に関して知っておくべきことをまとめると以下の3点になる。

[質問のスキルを用いる際のポイント]
ア．「質問」には、答えやすい質問とそうでない質問がある
イ．「質問」は、「自分のための質問」と「相手のための質問」がある
ウ．「質問力」の前提には、「観察力」があることを知る

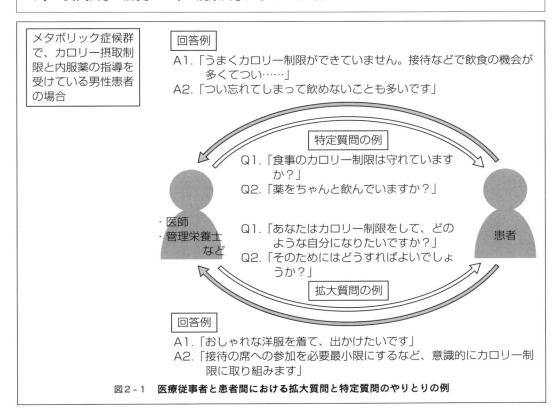

図2-1　医療従事者と患者間における拡大質問と特定質問のやりとりの例

第2章　各論　医療サービスの実践

2 現場から求められる医療サービス① ―未収金対策

　医療現場は、高齢者の増加、医療の複雑化・高度化に伴う個別対応例の増加、患者の権利意識の向上、個人情報保護や医療安全対策に対する考え方の普及など、めまぐるしい環境変化を体験している。

　経営環境の厳しい中で医療サービスの充実を図るために、どのような考えを持ってリソースを配分するのが適切かは即答できる課題ではないが、本節では現場での重要性が高いいくつかの課題についてまとめる。

1 未収金が発生する背景

　今後も医業収入の大きな伸びが期待できない経営環境の下、医療機関においては発生した未収金を放置することは自院の経営に深刻な影響を及ぼす可能性がある。未収金の発生が回収額を上回るようになると、経営を圧迫する要因になりかねない。

　しかしながら、医師法第19条の応召義務、すなわち「診療に従事する医師は、診察治療の求めがあった場合には、正当な理由がなければ、これを拒んではならない」と、1949（昭和24）年の厚生省（現厚生労働省）医務局長の通知による「患者の貧困や医療費の不払いがあっても、直ちにこれを理由として診療を拒むことはできない」の2つの根拠により、医療においては「医療費を支払わない、あるいは支払い能力のない患者であることは、それのみで診療拒否の正当な事由には該当しない」とされている。

　ここは一般のサービス業とは異なった点だが、医療費を支払わない患者に対しても、医療サービスを提供せざるを得ないのが現実であり、未収金の問題はすべての医療機関にとって必然の課題となる。近年、問題は深刻化する傾向にあるが、その背景として3つの要因が考えられる。

①診療報酬改定による患者負担割合の増加

　自己負担割合が増えたため、受診しても経済的な理由で支払いが滞る、または支払い能力がないケースであり、該当例の大部分がこの範疇に属すると思われる。

②低所得者層の増加

　①と同様に、高齢者や定職につかない者、いわゆる「ワーキング・プア」等のように、収入が低い層の患者割合が増加したことも要因として重要である。

48　医療経営士●初級テキスト7

③診療内容への不満を原因とする治療費支払いの拒否

　患者の権利意識が向上し、提供を受けた医療サービスに納得がいかない場合や医療機関への不信感から、支払いを拒否するケースが増加していることも無視できない。これについては、判例等から診療行為は民法上の准委任契約であり、結果が思わしくない場合でも診療費の支払いは受診者の義務とされている。しかし、実際の現場では支払いを拒否される場合も少なくない。

2　未収金対策

　ここでは主に、未収金をなるべく発生させないための予防措置としての方策と、医療サービススタッフの役割について紹介する。発生した未収金を回収するのは、医療機関にとって時間的・経済的負担が伴う上、容易なことではないため、発生させないことが肝要である。また、未収金問題が深刻化している状況にあっては、予防策の徹底が経営安定化につながる一助としてきわめて重要な要素であると考えられる。

　具体的な対策として、以下が挙げられる。

①保険証の確認

②連帯保証人の自筆署名～入院誓約書

③医療費の事前公表・説明

④診療報酬対象の書類等の即日交付

⑤クレジットカード、デビットカードによる支払い方式の導入　　　など

▌（1）保険証の確認の徹底

　医療保険の受給資格の有無を確認するために、患者に対して保険証の提示を求めることは、最も基本的かつ重要な予防策である。

　初診時あるいは定期通院患者の毎月最初の受診時における保険証の確認は、いずれの医療機関においても取り組まれている対応策である。しかし、特に定期通院の外来患者の場合、月が改まってからの初回受診時に保険証を持参しなかった等の事情が重なり、結果的に確認を怠ってしまうケースも珍しくない。そこで、こうした状況も含め一定期間保険証により受給資格が確認できない場合には、一旦、医療費の全額を支払ってもらうことも検討すべきであろう。この場合、保険証を確認できない間は、自院としての未収金に対する姿勢について、患者に来院の都度、意思表示をしておくことが必要である。同時に、医療相談室や相談担当者がいつでも支払いの相談に応じる旨を告知しておくことも、未収金防止につながる。まず、自院での状況を把握した上で、院内の取り扱いルールを策定し、これを職員全員に周知することが必要である。

　なお、保険証に記載されている情報は個人情報に該当するため、院内の当該規定に則っ

第2章　各論　医療サービスの実践

て患者から適切な同意を得ておくことが求められる。

［院内ルールの例］
①毎月初診時に保険証の提示を求め、コピーをとって保管。
②連続して3か月以上、保険証を確認できない患者には、一旦、医療費全額の支払いを求める。
③②の際、請求全額に満たなくても、最低5,000円〜1万円は預かる。
④保険証確認後、保険給付分を払い戻す。

---

(2)連帯保証人の自筆署名〜入院誓約書

　入院が決定した際に、患者に入院誓約書を差し入れる旨を求めている医療機関は少なくないが、当該誓約書に連帯保証人の署名を必要とする書式を採用しているケースは、未だ一般的ではないようである。

　民法上、保証債務の請求を受けた場合に「抗弁権」を行使できる保証人と異なり、連帯保証人は本人と同様の支払い責任を負うものとされているため、患者本人の弁済資力の有無にかかわらず、保証債務の履行を求めることができる。この違いは、本人が支払いを拒否した場合、あるいは事実上支払いが困難である場合に発生した未収金のいずれについても、大きな保証を得ることができる点にある。入院誓約書に保証人の記載を要求する書式を準備しているものの連帯保証人ではない場合には、保証人に対して患者の医療費支払債務について保証債務の履行を求めたとしても、回収できる見込みは低くなってしまう。

　連帯保証人には、本人の保証意思を明確にするために、自筆の署名と捺印を受領することが求められる。

(3)医療費の事前公表・説明

　患者は、医療サービスの提供を受けた後で医療費の総額を知らされるケースが少なくない。診療内容に納得がいかないことを理由に、医療費の支払いを拒否して未収金が発生する要因としては、医療費後払いという点が大きく影響している。

　かと言って、不用意に概算を伝えることも、支払い時のトラブルを招く可能性があるため慎重にならざるを得ないが、あらかじめ一部負担金が特に高額となる検査項目や手術の一覧表を作成し、患者に説明することが有効である。

　なお、高額療養費制度についても説明し、多額の医療費であっても支払い方法を医療機関と患者双方で検討し、未収金発生の予防に努めることが重要である。

(4)診療報酬対象の書類等の即日交付

　各種診断書や証明書等は、診療報酬の対象となることも多く、窓口払いの一部負担金が

発生する。外来患者にこのような書類の提出を求められた場合、通常書類は後日郵送し、次回受診時に清算することが多いと思われるが、これが未収金発生の原因の1つとなっている。

　医師事務作業補助者等が外来診療業務の補助に携わり、すぐに書類を作成して医師の承認を得た上で患者に交付することにより、当日窓口での支払いを求めることができる。

■（5）クレジットカード、デビットカードによる支払い方式の導入

　カードによる診療費の支払い方式の導入は、患者、医療機関ともに、次のメリットが挙げられる。

●患者側のメリット

① 現金を持ち合わせていない場合でも受診可能。

② 病院内における現金の盗難・紛失の防止。

③ 料金精算の待ち時間の短縮。

●病院側のメリット

① 医業未収金の縮減。

② 会計窓口混雑の緩和。

③ 盗難防止など現金取り扱い上の管理リスクの低減。

　導入に伴う費用負担として、①利用手数料（利用契約を締結したカード会社への支払い）、②通信回線加入料および通信料の2点が発生するが、未収金の縮減効果が期待できるため、費用負担としては許容できる範囲内であろう。

　総務省による2012（平成24）年2月の報告「カードによる医療費の支払方式の拡大」によれば、国等が設置した324病院のうち、カードによる支払い方式を導入しているのは286病院で、全体の88％を占めており、普及が進んでいる実態が明らかとなっている。

第2章　各論　医療サービスの実践

③ 現場から求められる医療サービス②—待ち時間対策1　海外との比較

1　背景

　医療機関における待ち時間の問題は、わが国においてはいわば"古くて新しい問題"である。

　厚生労働省による「平成20年受療行動調査」では、患者の30.7％が、2011（平成23）年の同調査においても患者の25.3％が、それぞれ診察までの待ち時間に対して不満を感じており、大学病院等の大規模病院においてその傾向が強いことが明らかになっている。

　医療経営においても競争が激化している昨今、待ち時間の改善に向き合い、他の医療機関との差別化を図ることが求められている。

　医療機関における待ち時間の長さに対する不満は、医療経営上の重要な改善事項であることは明らかである。この重要性は、公益財団法人日本医療機能評価機構の病院機能評価で、外来待ち時間調査を定期的に行っていることを認定の評価項目の1つにしていることからもわかる。外来待ち時間の問題は、患者サービス面のみならず、リスクマネジメントの面からも改善が求められている。

2　海外のウェイティング・タイムと日本の待ち時間

　外来待ち時間の問題は、諸外国にも共通したものなのだろうか。

　一般に、諸外国においては、日本における「待ち時間（医療機関を訪れてから診察室に入るまで）」とは異なる概念の「ウェイティング・タイム（Waiting Time）」が代表的指標となっている。ウェイティング・タイムとは、医療機関に受診の予約をしてから受診日までの期間のことで、「待ち期間」とでも呼ぶべきものである。

　先進諸国においては、受診予約システムが整備されている国が多く、予約受診の場合、医療機関を訪れてから診察室に入るまでの待ち時間はほとんどない。しかしその一方で、予約してから受診日までの期間が数日から数百日と長いのが実情である。

　アメリカにおいては、救命救急医療（ER）で数時間待ち、地域の主治医にかかる場合、予約を取れるのが数日後というのが日常的である。予約の対象とならない救命救急医療（ER）では、当然、待ち時間は長くなる。一方、地域の主治医の場合は、いったん予約が

52　医療経営士●初級テキスト7

取れれば待ち時間はほとんどないが、予約が取れるまでの待ち時間が長い、という図式である。

　特に初診の有症状患者や、再診でも症状の変化がある患者の場合、待ち時間中に容態が悪化するリスクがある。また、待ち時間が長いために患者が自己判断で受診を中止したり、途中で帰宅することが考えられる。がんなどの悪性疾患だと、無症状でも病状が進行している（転移の出現など）ことがあり、自己判断での受診中止が、後に医学的に大きな問題に発展する可能性も考えられる。したがって、外来待ち時間の問題は、患者サービス面のみならず、リスクマネジメントの面からも改善が求められている。

　イギリスでは、まず地域で指定されているGP（General Practitioner：家庭医）を受診するシステムであるが、予約してから診察までのウェイティング・タイムは、人工股関節置換手術で平均244日、冠動脈バイパス手術で平均213日である。

　GPによって、さらに高度な検査や治療が必要と判断されると、GPが病院や専門医に連絡することになる。患者は、いつ病院から連絡がくるか見当がつかず、連絡がくれば個人の都合に関係なく日時を指定されてしまう。また、待機の順番もまったくわからない状況である。

　このように、ウェイティング・タイムがきわめて長いという医療問題を抱える国は、先進20か国の半数以上にもなる。OECD加盟国では、イギリス、オランダ、イタリアをはじめ、高福祉国家といわれている北欧4か国（ノルウェー、スウェーデン、フィンランド、デンマーク）、イギリス旧植民地のカナダ、オーストラリア、ニュージーランド等が挙げられる。これらの国に共通するのは、医療機関のほとんどが公立で医療保障が手厚く、患者の自己負担はほとんど生じない点である。ほぼ無料で受けられる医療の代償として、ウェイティング・タイム容認の苦痛が伴う仕組みになっているとも言える。

　逆に、ウェイティング・タイムが短い日本、スイス、アメリカにおける共通点として、私的な医療機関が多く医療費の一部または大部分が自己負担であるため、需要と供給のバランスがある程度成立し、需要に見合う供給がなされるため、結果としてウェイティング・タイムが短くなるという構造が挙げられる。

　すなわち海外の状況を踏まえて俯瞰すれば、わが国の医療機関では、需要と供給がある程度成立しているからこそ、当日急に希望しても、いずれかの医療機関を受診できるため、患者が多く集まる結果として、待ち時間問題が発生しているということになる。したがって、ウェイティング・タイムが長い他の先進諸国と比較すれば、贅沢な悩みと言えるのかもしれない。

第2章 各論 医療サービスの実践

現場から求められる医療サービス②
―待ち時間対策2 さまざまな対策

1 医療機関における待ち時間対策の体系

それでは、待ち時間対策はどうしたらよいだろうか。これまで行われている主な対策は、次の3点に分類できる。
①待ち時間そのものを短縮することを目的とした対策
②待ち時間を快適・有意義に過ごすことを目的とした対策
③特殊な解決方法
それぞれを体系化して考えてみよう。

(1)待ち時間そのものを短縮することを目的とした対策

①業務改善による方法
　ア．人員配置や役割分担の見直し
　イ．業務の流れの見直し
　ウ．業務の質の見直し
　エ．患者の流れの見直し
　オ．診療時間の見直し
②情報の流れと管理方法の改善による方法
　ア．紙カルテの管理システムの改善
　イ．電子カルテの導入
　ウ．オーダー・エントリー・システム(オーダリング・システム)
③患者の流れの管理による方法(予約システムの整備)
　ア．マンパワー予約システム
　イ．コンピュータ予約システム

(2)待ち時間を快適・有意義に過ごすことを目的とした対策

　①待ち状況の報知
　②待合室の工夫
　③待つ場所の自由化

④待ち時間の有効活用
　ア．問診：人による問診、自動問診システム
　イ．看護
　ウ．患者教育　など

■ (3)特殊な解決方法——医療機関の規模・機能ごとの待ち時間対策

①病院における待ち時間対策

　病院の待ち時間対策の特徴の1つは、比較的高額の費用を要するシステム(オーダリング・システム、電子カルテシステム、患者ページングシステム、電光表示板等)を導入する例が多いことである。これらのシステムは導入時に一定の費用がかかるだけではなく、運転費用も常に必要となるため、効果が上がらない導入・運用は避けなければならない。そこで導入後も試行錯誤しながら、他のシステムや取り組みと組み合わせて運用している例も多い。

　実際、導入前に複数の職種が協力し合って導入後の運営計画を綿密に立て、導入後も詳細な効果分析を行い、効果的なチームワークによって運用を継続している医療機関において、成功例が多く見られる。このことから、システムを導入すれば直ちに待ち時間対策としての効果が上がるわけではなく、各医療機関の実情に応じて運用を見直し、他職種間での情報共有も含めたシステムの利用方法の最適化が必要とされることがわかる。

　もう1つの側面は、診療所よりも高度かつ特殊化した医療の提供がなされるケースである。この場合は、各診療科や部門(放射線科、がんの化学療法、検査室、院内薬局)の特性に適した業務改善や人員配置等の工夫を具体的に打ち出しやすい。特性に合わせてどのような工夫が可能なのかに注目することで、類似した特性を持つ診療科や部門は、他施設や他部門の成功事例を応用することができると考えられる。

②診療所の待ち時間対策

　診療所の待ち時間対策の報告では、圧倒的に小児科での対策事例が多い。これは、成人よりも待つことが苦手な小児に対して、待ち時間に関する配慮がきわめて重要だからであると考えられている。また、小児は抵抗力が弱く医療機関において相互感染を起こしやすいため、医療の質の面からも、可能な限り待ち時間における他児との接触を少なくする努力が求められている。

　小児科における待ち時間対策では、予約システムの導入例が多い。小児科の待ち時間対策報告例の多くは個人経営の診療所であることから、規模が大きい医療機関のように多額の費用を用いることが難しいため、導入資金が比較的低額ですむ予約システムの導入・改善が、主たる手法となる。ただし、小児科の特徴として、慢性疾患患者よりも感染症患者の割合が高く、症状が急激に悪化して当日予約なしで受診するケースが多い。予約患者の割合を高く保ちながら、予約外患者をどのように診療していくかのバランスや方法が各医

第2章　各論　医療サービスの実践

療機関で真剣に検討されており、小児科の対策は先行事例として、他の診療科で応用でき
る可能性は高い。

5 現場から求められる医療サービス② ―待ち時間対策3 報告、事例

1 報告されている待ち時間

　対策を実施する前の待ち時間は、高千穂大学経営学部の長谷川らによれば、診療所（小児科）20～40分、診療所（小児科）30～60分、病院（眼科）69分±18分、病院（胃腸科）60～180分、大学病院（全診療科）60分である。医療機関に入ってから出るまでの院内滞在時間の報告では、診療所（眼科）120分、病院（全診療科）79分といった例がある。

　待ち時間対策後においても、大学病院では、受付から診察までの待ち時間の平均が75分、診察開始から会計までが42分で、院内滞在時間は1時間57分と、きわめて長いことがわかる。

　専門、特殊外来を受診したいという特別なニーズを持つ患者が集まるため、患者が集中することと、他の医療機関と比較して患者が許容できる待ち時間が長いことにより、このような状況が起こっていると考えられる。

　特に高齢患者が多く受診する眼科診療所で、この傾向が強くなっている。眼科ではさまざまな検査を行うために比較的院内滞在時間が長くなるが、瞳孔を散大（散瞳）させる検査では、目薬をして散瞳するまでの反応時間が必要となり、散瞳した後にまたその状態で検査をするなど、生理学的な変化を起こさせた後の検査時間がかさむことが大きな原因となっている。

2 許容できる待ち時間

　実際、文献検索すると、次のような複数の報告がなされている。
- 病院外来患者の許容できる待ち時間の平均は、院内薬局で16～20分、受付18分、診察待ち37分、検査23分、会計10分で、院内滞在時間は68分であった[1]。
  70％の患者は許容できる待ち時間が30分以内であった[2]。
- 同様に許容できる待ち時間が30分以内の患者が多い[3]。

　以上の報告から、状況により変動はあるものの、一般的に許容できる待ち時間の目安は30分と考えてよいと思われる。

第2章　各論　医療サービスの実践

3　待ち時間の許容に関連する因子

さらに、許容できる理由・要因は次のようなものである。

①待ち時間を許容できる主な理由

・外来患者に待てる理由を尋ねたところ、「予約している」、「病気を治したい」、「医師を信頼している」、「時間がかかることは覚悟している」、「受診番号表示がある」、の5項目が上位を占めた[2]。

・看護師の声かけや説明がある、診察に時間をかけてくれる、待合室が過ごしやすい、という条件がある場合にも、より許容できる効果を上げている[4]。

②許容できる時間を規定する主な要因

・待つことによって得られる報酬の多寡（良い医療が期待できる場合や、他に代わり得る医療機関がない場合ほど、許容できる時間は長くなる）[5]。

・待つ人と待たされる人の社会的力関係（病気を抱えた患者は、それを治療してくれる医師よりも弱い立場にあると考えると患者は長く待てるし、医師はあまり気にせず患者を待たせることができる）[5]。

・パーソナリティ（待つことに対して許容度の高い人と低い人がいる）[5]。

・社会的文化的状況（ある地域、時代に共通する特質が、待ち時間の許容性を決めている）[5]。

これらの要因を考えると、現代社会においては、医療機関での待ち時間の許容性を低める方向に向かっていると考えられる。

③待ち時間を許容できるか否かを左右する主な要因

・「何分くらい待たないといけないのか」「順番を飛ばされていないか」が挙げられている[4]。

＊

これらの報告から明らかになった点をまとめると、許容できる待ち時間は、概ね30分〜40分未満であり、60分を超えると満足度が顕著に低下する。待ち時間を許容できる要因には、治療の必要性の認識、待つに値する診療として価値付与できるか、等が挙げられることがわかる。

4　待ち時間の捉え方

（1）実際

繰り返すが、多くの報告において、待ち時間は医療における不満のワースト要因であるとされている。実際、大学病院（全診療科）への不満で突出しているのは「待ち時間」である。大学病院（検査部）でも、診療・検査を行う際に多大な待ち時間が発生し、患者からの不満理由の上位を占めている。さらに患者からの投書や意見においても、待ち時間の長さが常

に上がっている。大学病院と地域連携している医療機関からの評価でも、問題点の第1位が待ち時間であった。住民等を対象とした医療に対する満足度調査でも、待ち時間に対する不満が最も大きかった。

このように、待ち時間は病院の規模や経営母体、専門性や地域性を超越した共通する課題であると言える。

(2) 待ち時間に関する満足度と医療機関に対する満足度

他方、待ち時間と満足度に関しても、多くの報告がなされている。

- 診察待ち時間が許容待ち時間以内であった患者では、許容待ち時間を超えた患者よりも、診察待ち時間への満足度が有意に高かった[4]。
- 外来待ち時間では、「やや満足」以上では、「予約あり」で30分以内、「新患・予約なし」で50分以内が多い[6]など、全国の多くの医療機関において待ち時間が長いと満足度が低下することが報告されている。

なお、待ち時間の長さと医療機関の評価との関連性に関する報告には、次のようなものがある。

- 外来患者の不満は「待ち時間」に集中していたが、全般的満足度に与える影響の強さは、満足度の高い「環境と設備」や「医師」より弱かった[7],[8]。

これらの報告から、患者満足度の得点が最も低い項目は待ち時間であるが、医療機関に対する総合的満足度に対する影響は弱いことがわかる。すなわち待ち時間が長いと、待ち時間に関する満足度は低くなるが、それが直接医療機関に対する満足度を低下させることにはつながらないということであり、医療機関経営者にとっては若干の安心材料になるかもしれない。

では、長い待ち時間を改善せずに放置していても大きな問題はないのであろうか。残念ながら、病院に対する継続受診意志に影響する要因の1つとして、待ち時間が挙げられている。つまり、待ち時間が長いことを理由に、患者が受診をやめる決断をする可能性があるということである。長い待ち時間を我慢できずに患者が帰宅してしまったり、他の医療機関に移ってしまう可能性がある。このような現象が起こると経営的デメリットが大きくなるため、長い待ち時間はやはり放置できない問題と考えられる。

(3) 長い待ち時間が職員に与えるストレス

また、長い待ち時間が、職員のストレスにつながることも明らかになっている。

待ち時間が長く患者がイライラしていたために、医師からの指示に対して「うるさい」と反抗した事例や、患者からの待ち時間に対するクレームに対して、時間のメドを伝えることしかできず、職員の大きな心理的ストレスとなっている事例が報告されている。

このように、長い待ち時間は患者に対してだけでなく、職員に対してもストレスになる

第2章　各論　医療サービスの実践

ため、さらなる悪影響を及ぼすと推察される。逆に待ち時間対策を成功させることにより、職員が無駄なストレスから解放され、医療サービスそのものに集中できるようになれば、医療の質向上に結びつくと考えられる。

---

column ## 電子カルテ導入による待ち時間短縮と、職員のストレス軽減事例

　ある病院では、電子カルテ導入の影響を確認した結果、院内滞在時間は、導入直後より、79分33秒、75分15秒、73分15秒と、3年間で6分短縮した。来院してから最初の診療行為までの待ち時間は、電子カルテ導入当初40～45分であったが、導入3年後には平均20分に短縮した。

　当初、診察待ち時間のクレームが患者クレームの20%であったが、それが9％へと半減。クレームが減少したことによって、職員のストレスが軽減された。

（4）職員の意識とチームワーク

　待ち時間を改善しようと職員が意識することで、以下のように副次的な良い影響を期待することができるとの報告もされている。

・看護師の自己評価を確認したところ、患者が感じている待ち時間の苦痛や見通しに理解がなく配慮していないことが原因で、待ち時間に対する患者の不満が高まることがわかっている[9]。

　つまり患者の目に職員が待ち時間を見通せていないと映る場合に、患者の待ち時間に対する不満感が高まる。このことから、長い待ち時間を職員が意識するようになり、患者の待ち時間を改善しようとする姿勢が伝わることで、患者の不満を軽減させることができると推察できる。

　また、待ち時間対策の実際で取り上げてきた多くの事例において、待ち時間対策に取り組もうとし始めると、職員が同じ方向に向かって動くようになり、チームワークが強化されて医療の質が向上したという報告がなされている。

　待ち時間対策を行うことは、職員のチームワークの向上というきわめて重要な副次的効果をもたらす点で、一層重要視される価値がある課題と言えよう。

（5）待ち時間の捉え方

　待ち時間対策を行うことは、「①患者クレームのワースト要因を解決し、②患者の満足度を向上させ、③職員のストレスを軽減し、④職員のチームワークを良くする」という、

多くの効果をもたらすと考えられる。さらにこれらの結果として、「⑤経営効率が向上したり、⑥医療機関のイメージがアップする」ことが期待でき、「⑦新患の増患や、⑧再来院患者(リピーター)を増やす効果」も考えられる。

このように、待ち時間対策は単に待ち時間を短縮するための活動に留まらず、医療機関の経営面からさまざまな効果をもたらすことが明らかになった。したがって、待ち時間対策を実施しても、すぐに画期的効果が現れない場合でも、あきらめることなく対策に取り組み続けることが重要で、その過程で得られるメリットは大きい。

待ち時間対策にはさまざまな方法がある。医療機関の機能、規模、診療科、費用、スタッフの数や種類、地域の特徴、患者の属性等によって、優先的に導入する対策は大きく異なってくる。全国どこの医療機関においても、「待ち時間は長くて当たり前」という考えは、経営競争が激化している医療界でも、通用しなくなってきている。そのため、各医療機関は、待ち時間対策への取り組みをあきらめず、自院に適した対策を試行錯誤しながら継続していくことが重要である。

待ち時間対策は、医療機関が抱えているさまざまな課題を解決する糸口になるとも考えられ、職員全体で取り組むべき、やりがいの大きな課題であろう。

参考文献

1) 待ち時間と満足度を組み合わせた外来患者調査、渡邊進、前田恵子、吉田由貴美、梶本光代、田村保喜、野村幸一、中根惟武、徳永誠、熊本機能病院、医療マネジメント学会雑誌、7(1)：267、2006
2) 外来患者の待ち時間に関する実態調査-許容待ち時間と待てる理由、日本看護学会論文集33回看護管理、明円美幸、他、140〜142、2002
3) 待ち時間に対する患者意識調査について、真鍋恭弘、医報とやま、1368:8〜10、2004
4) 待ち時間と満足度を組み合わせた外来患者調査、徳永誠、渡邊進、中根惟武、熊本機能病院サービス向上委員会、医療マネジメント学会雑誌、7(2):324-328、2006
5) 外来患者の受診状況ごとに検討した待ち時間調査、徳永誠、中根惟武、熊本機能病院サービス向上委員会、日本医療マネジメント学会雑誌、7(3):434-437、2006
6) 病院機能評価更新に向けての取り組み、下條文武、他、新潟医学会雑誌、119(12)、2005,12
7) 大学病院の患者満足度調査――外来・入院患者の満足度に及ぼす要因の解析、今井壽正、他、病院管理、37(3)、2000,7
8) 患者満足度による医療の評価――大学病院外来における調査から、長谷川万希子、杉田聡、病院管理、30(3)、231-240、1993
9) 外来待ち時間に関する実態調査――患者満足度調査と看護師自己行動評価から、山本利子、新藤恭子、池田美枝子、幸手総合病院、日本農村医学会雑誌、57(2):98、2008

現場から求められる医療サービス③ ―適切なトリアージ

　トリアージとは、最善の救命効果を得るために、多数の傷病者を重症度と緊急性によって分別し治療の優先度を決定し、重症患者から順に治療や搬送をする方式である。人材・資源の制約の厳しい災害医療や、大勢の負傷者が出た事故現場などでも行われる。

　救急医療の現場におけるトリアージは、まさにリスク管理の手法そのものであり、サービス的要素の入る余地は少ない。したがって、現場での具体的な方法や実際については本節では詳述せず、サービス的な観点からみたトリアージの意義や考え方として、「テレホントリアージ」を取り上げて考察する。

1　テレホントリアージとは

　海外においては、医療支援の1つとして看護師によるテレホントリアージが活用されている。これは、トリアージを専門の看護師が電話応対で行い、緊急度を判断するものである。

　アメリカでは、テレホントリアージを活用することで、救急患者を抑制し過度な医療受診を減らすことで、医療費削減につながるよう努力している。

　テレホントリアージは、アメリカ以外でも、ヨーロッパ、オーストラリアなどにおいてもプライマリケアの1つとして活用され、医療サービスとして確立されている。

　テレホントリアージの活用によって、病気の初期状態の相談から救急時の症状の判断まで、フリーアクセスで容易に相談できる仕組みが身近に存在することは、患者にとっても医療を提供する側にとっても大きなメリットがあると考えられる。

　テレホントリアージは、医療機関を受診することが困難な人への支援の1つとしても利用できる。事前に医療機関を受診する必要性を判断することが可能になり、重篤な症状でなければ医療機関にかからなくても自らの健康状態について情報を得ることができる。この考えから、テレホントリアージは病気や症状の状態を適切に判断・評価し、利用者にフィードバックする仕組みとして位置づけられている。

　さらに、医療格差の大きい地域医療への支援としても重要な役割を果たしている。国土が広いアメリカの場合、都市圏以外の地域は自宅の近くに医療機関があることは期待できない。したがって、健康不安や病気になった際は数時間をかけて移動することになるが、テレホントリアージを利用すれば、どのような症状のときに医療機関を受診すべきか、ま

現場から求められる医療サービス③──適切なトリアージ ❻

た、手持ちの薬をどのように服用すればよいか等の適切な指導を受けることができる。つまり、テレホントリアージを利用することで、物理的距離を越えて、多くの人々に医療指導を提供することが可能になると考えられる。

2 アメリカにおけるテレホントリアージの事例

ワシントン州カークランド市の公立病院Evergreen Medical Centerを母体とするコールセンターが運用するテレホントリアージ(Evergreen Healthline)を事例に、その仕組みを概観してみる。

公立病院Evergreen Medical Centerのコールセンターでは、臨床対応が可能な医療従事者でない受付担当者が、相談内容に応じて、トリアージナースへつなぐか、トリアージナース以外へつなぐか(医師の紹介など)を判断し、一定の仕分けを行う。

トリアージナース以外につなぐものは「レベル1」とされ、一般相談担当者が対応する。トリアージナースにつなぐものは「レベル2」とされ、コールセンター側から患者側に電話をかけ直すことになっている。

トリアージナースは、「レベル2」の相談を、受付担当者が記載した電話内容で確認し、緊急度により「レベル3」〜「レベル5」に仕分けを行う。そして、手の空いているトリアージナースが緊急度の高い順番に患者側に電話をかけていく。

電話をかけたトリアージナースは、専用に開発されたソフトを使用し、約500種類のガイドラインに従って症状のトリアージを行う。病名を診断するためのガイドラインではなく、症状を判断して緊急性があるかを見極めるため、考えられる最悪のシナリオからチェックする。ただし、患者の状態を判断するのは電話を介して伝える言葉のみの情報なので、症状が最悪の状態ではないかを確認しながら、消去法で患者の重症度を決定する仕組みと

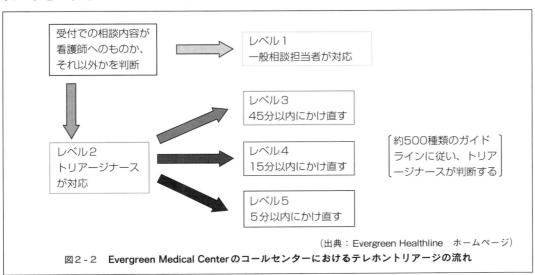

(出典:Evergreen Healthline ホームページ)
図2-2　Evergreen Medical Centerのコールセンターにおけるテレホントリアージの流れ

第2章 各論 医療サービスの実践

3 テレホントリアージに対する患者の評価

このようなテレホントリアージを行う場合に心配されるのが、指示を受けた患者からの訴訟である。間違ったトリアージを行うことで、患者が重篤な状態に陥った場合に、損害賠償や責任を追及されるリスクが考えられる。訴訟大国のアメリカにおいては、特にこの問題が心配されるが、Evergreen Healthlineでは過去16年間でテレホントリアージのサービスに対する訴訟は起きた例がないという。

また、Evergreen Healthlineでは電話をかけてきた患者に対して独自に調査を行っているが、「テレホントリアージサービスがなかった場合どうしていたか」という質問に対して、「救急車を呼んでいた」「救急外来に行った」と回答したのが約15〜20％、「時間外でも主治医に相談の電話をかけた」と回答したのが約25％であった。

これにより、テレホントリアージの活用によって救急車の利用抑制や救急外来への受診を抑制できていることがわかる。そして、テレホントリアージのサービスに対して95％は「非常に満足している」と回答している。以上のことから、テレホントリアージが社会的認知を受けており、システムが適切にトリアージを支援できていると考えられる。

4 日本における現状

日本でのテレホントリアージの普及は遅れているが、米国に近い手法を試験的に導入している事例がある。

東京都では、2007（平成19）年6月から、119番通報を受け救急車が出動した現場で明らかに緊急性が認められない場合は、自分で医療機関を受診するよう求める救急搬送トリアージを試行している。電話でトリアージを行うでのではなく、実際に救急隊員が現場でトリアージを行う点が、テレホントリアージと異なる。

開始から半年間に救急車の出動は約34万回あったが、そのうち搬送不要と判断されたのは、軽微な交通事故など162件であった。しかしながら、搬送不要と判断されたうち38％の62件は、患者の同意が得られずに救急搬送された。

東京都では2009（平成21）年5月の消防法改正に合わせて、上記の経験や、「東京都メディカルコントロール協議会」の意見を踏まえ、救急隊が行う観察や医療機関選定等の基準を定めた。また、現状の医療資源を前提に、症状等に応じて傷病者の受け入れに対応できる医療機関を整理し、これらを「傷病者の搬送及び受入れに関する実施基準」として位置付けた。この中では「救急搬送トリアージ」の名称は使用せず、「救急隊による観察基準」として具体的な判断基準を公表している。

現場から求められる医療サービス③──適切なトリアージ **6**

また神奈川県横浜市では、2008（平成20）年10月から救急医療の「コールトリアージ」を開始している。

東京消防庁では救急相談センターを開設し、「#7119」に電話をかけると、受診に関するアドバイスや応急手当に関するアドバイス、医療機関案内などのサービスを行っている。受付は救急相談通信員が行い、必要に応じて救急相談看護師に電話を転送し、緊急性があると判断された場合に救急車の出場要請をし、緊急性がないと判断された場合には医療機関の案内や応急手当の案内をしている。

また、厚生労働省は小児救急電話相談事業「#8000」を全国展開し、休日・夜間の子供の急病にどう対処したらよいのか、病院の診療を受けたほうがよいのかなど、電話で小児科医師・看護師が対応する相談窓口を設けている。全国同一短縮番号「#8000」にかけることで、最寄りの都道府県の相談窓口に自動転送され、小児科医師・看護師から患者の症状に応じた適切な対処の仕方や受診する病院等のアドバイスが受けられる。

このように、救急の現状への対策が考案され、実施されている地域もあるが、取り組みが行われている機関は未だ少ない。また、多くの国民が、このような相談窓口や仕組みが存在することを知らないことが問題点として挙げられる。

今後、テレホントリアージは救急医療現場における救急車の出動回数の抑制、不要不急の救急外来受診の抑制、医療費の適正配分において、重要な役割を果たすことが予想される。国や自治体によるサービスだけでなく、民間によるサービス事業の展開も予想され、医療に携わる者として、その動向を注視する必要がある。

医療経営士●初級テキスト7 **65**

第2章　各論　医療サービスの実践

7 新しい医療サービス提供者の職種

　こうした積極的な取り組みは、他にもみられる。そこで本節では、医療サービスの実践について、全国の取り組みを通じて紹介する。

1　医療コーディネーター

　医療コーディネーターとは、医療サービスを提供する側(医療者)と医療サービスを受ける側(患者、家族を含めたすべての医療消費者)の間に立って、治療法、医療サービス、医療システム、医療倫理などさまざまな面で「立場の違い」からできる隙間を埋める新しい形態の21世紀型医療ソリューションを提供する人材である。

　「一般社団法人日本医療コーディネーター協会(JPMCA)」は、2003(平成15)年2月20日、東京都港区赤坂に本部事務局を発足した(2015〔平成27〕年からは南青山に移転)。所属コーディネーターは、全員が看護師の資格を有し、臨床を含む関連業界経験10年以上の者で、それぞれが個人で独立した形で活動している(現在まで179名の資格認定者が個別で活動している)。

　一般患者が医療コーディネーターを利用するにあたっては、協会を通じて申し込みを行い、協会から条件に合うコーディネーターを紹介してもらう。初回は紹介されたコーディネーターと面談をする。コーディネートは依頼者とコーディネーターの個々の契約となり、協会は一切関与しない。

　利用料金は、実働に応じて決められており(面談、医療コーディネート、診察同行など)、面談では1時間まで10,500円、以降10分毎に1,750円となっている。費用は当然、保険診療の対象ではなく、医療費控除の対象にもならない。

　主に臨床経験の豊富な看護師が中立的な立場で、医療機関と患者の間に立ち、患者のサポートを行うシステムであり、すでに一定の支持を得ている。

2　医療コンシェルジュ

　医療コンシェルジュとは、2005(平成17)年に名古屋大学医学部附属病院で試験的に開始された、地域医療連携の中の前方支援(受診支援)のサポートを専門的に行うことを主た

る職能とする、新しい医療サービス職種である。

名古屋大学医学部附属病院での医療コンシェルジュの業務は、主に以下の通りである。

ア．地域医療連携からの紹介患者の事前の初診受付、診察予約の代行

イ．検査予約の代行

ウ．受診・検査に関連する前処置の連絡

エ．受診当日のお出迎え

オ．当日の受診立ち会い（要望があれば）

カ．院内付き添い案内

キ．会計手続き代行

ク．受診後のスケジュールの管理・連絡

同院で2005（平成17）年8〜9月に行った「外来初診患者待ち時間調査」では、「コンシェルジュありの患者」は「コンシェルジュなしの患者」の初診受付待ち時間で約20分、診療科外来待ち時間で約60分、合計で約80分の待ち時間短縮が図れることが示されている（図2-3、図2-4）。

また実診療時間では、コンシェルジュありの患者の場合、担当医への事前情報提供による受診当日の検査事前予約等の効果により、実診療時間は約20分延長することも示されている（図2-5）。創始者である筆者（深津）はこれらの成果や培ったノウハウを元に2006（平成18）年1月に「NPO法人日本医療コンシェルジュ研究所」を設立し、現在まで45回の資格認定講習会を開催している。

名大病院で提唱された医療コンシェルジュの役割は主に地域医療連携の中の前方支援（初診患者の受診支援）に集中しており、具体的な業務としては、以下の7つの「A」で表されるものである。

ア．Acceptance：患者様・主治医の先生からの連絡を受け、ご要望をお聞きする

イ．Analysis：当方の担当医と相談し、必要な資料要請や当日のスケジュールについて分析検討する

ウ．Assignment：初診受付代行や当日の診察・検査予約の確保を行う

エ．Announcement：患者様に当日の準備（絶食や前処置）、来院時間、来院場所等のご案内を行う

オ．Attendance：当日患者様に院内を付き添ってご案内する

カ．Assistance：場合により検査の説明や診察内容の説明を行う

キ．After care：以後の検査等の予定について管理、連絡をする

現在までに100以上の医療機関に導入されており、NPO法人の資格認定を受けた資格保有者は785名（2018〈平成30〉年3月現在）に及ぶ。

なお、医療コンシェルジュの各医療機関での活用実態については、次節「医療・患者サービスの実践―医療コンシェルジュの導入事例」で紹介する。

第2章　各論　医療サービスの実践

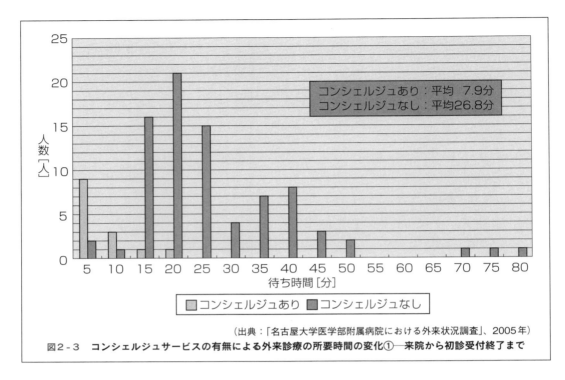

（出典：「名古屋大学医学部附属病院における外来状況調査」、2005年）
図2-3　コンシェルジュサービスの有無による外来診療の所要時間の変化①──来院から初診受付終了まで

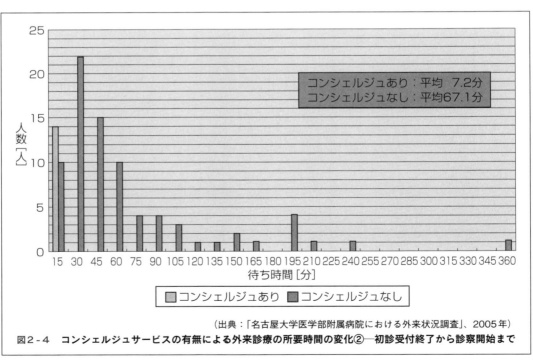

（出典：「名古屋大学医学部附属病院における外来状況調査」、2005年）
図2-4　コンシェルジュサービスの有無による外来診療の所要時間の変化②──初診受付終了から診察開始まで

新しい医療サービス提供者の職種 7

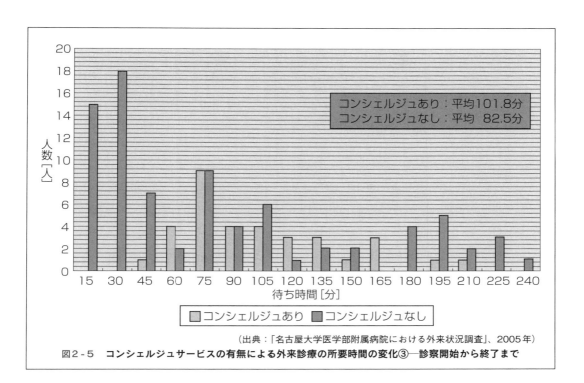

（出典：「名古屋大学医学部附属病院における外来状況調査」、2005年）
図2-5　コンシェルジュサービスの有無による外来診療の所要時間の変化③──診察開始から終了まで

3　医療メディエーター

　医療事故が発生した場合や、患者と医療者間での意見の食い違いなどが起こった場合、双方の意見を聞いて話し合いの場を設定するなどして問題解決に導く仲介（メディエーション）役のことである。日本語では「医療対話仲介者」と訳される。
　医療メディエーターの役割は単なる紛争解決や訴訟回避ではなく、事故等をめぐって壊れそうになった患者と医療者間の対話の促進を通じて関係を再構築していくことにある。対話促進と言っても、その役割技法は、ハーバード・ロースクール（Harvard Law School）で開発された紛争構造の分析手法、対話促進技法など、理論的裏付けを持つものである。さらにその背景には、患者の想いや悲嘆に寄り添い、事故の当事者を支えようとする真摯で誠実な姿勢と倫理性が要求される。
　2007（平成19）年3月には一般社団法人日本医療メディエーター協会が設立され、医療メディエーターの公的認定が始まった。教育プログラムは、中西淑美（山形大学医学部准教授）、和田仁孝（早稲田大学法科大学院教授）によって開発され、現在、公益財団法人日本医療機能評価機構、株式会社早稲田総研インターナショナル、社団法人日本医療メディエーター協会などで、4,024名の認定医療メディエーターが誕生している（2016〈平成28〉年時点）。教育プログラムは、導入編（半日）、基礎編（2日間）、継続偏（2日間）、応用編（2日間）、トレーナー養成（4日間）と体系化されており、基礎理論やロールプレイによる実

第2章　各論　医療サービスの実践

践教育、被害者遺族の講演などで構成されている。

　なお、医療メディエーター養成プログラムは、2003（平成15）年から公益財団法人日本医療機能評価機構で開発され、2004（平成16）年に試行、2005（平成17）年から本格的に運用、養成が始まっている。愛媛県医師会、全国社会保険協議会連合会などが年間100名程度の育成を行っているほか、国立病院機構や国家公務員共済連合会、日本私立医科大学協会などでも、育成研修が実施されている。

4　医療コミュニケーター

　医療コミュニケーターとは、定期的な通院を必要とする高齢者（要介護者等をはじめとする介護保険利用者や慢性疾患患者）と、その家族が安心して医療を受けられるように通院・受付・診察時のコミュニケーションなどをサポートする、いわば「利用者と医療・介護の橋渡し役」である。

　診察時のコミュニケーション支援においては、医療従事者による「帰宅後の療養生活における注意点」などについて一定のレポートにまとめ、利用者および家族等に提出する（高齢者においては、「医療用語を理解しにくい」「注意事項を聞き漏らしてしまう」「記憶力の低下により帰宅時には忘れてしまっている」といったケースがあるため）。また、同様の理由で、日常生活の様子（バイタル・食事・睡眠など）の報告も重要であり、家族等より受けた情報をレポートにまとめ医療従事者に提出する（受付時）。

　なお、2009（平成21）年10月より、NPO法人全国在宅医療推進協会による医療コミュニケーター認証がスタートしている。主な講座修了者は介護福祉士、ホームヘルパーなど。「日常生活の様子」を線でとらえている介護職に対して、上記の視点に立った独自カリキュラムを作成し、医師および看護師などが講義を行う。

新しい医療サービス提供者の職種 ⑦／医療・患者サービスの実践—医療コンシェルジュの導入事例 ⑧

⑧ 医療・患者サービスの実践 —医療コンシェルジュの導入事例

　以下は2009(平成21)年11〜12月に前節で紹介したNPO法人日本医療コンシェルジュ研究所が、同法人の主催する医療コンシェルジュ資格認定講習会を受講した医療コンシェルジュを導入している病院に対して、現地で取材およびヒアリングをした内容をもとにまとめたものである(データはすべて当時)。

1　医療法人大雄会　総合大雄会病院

(1)基本データ

　愛知県一宮市の市街地、一宮駅よりシャトルバスで10分程度の距離に位置する。急性期病院としての総合大雄会病院(救急医療／医療連携〈紹介外来〉／集中治療／急性期入院治療・回復期・精密検査／リハビリテーション)と大雄会第一病院(産科・婦人科の専門医療／糖尿病治療／透析／精密検査／予防医療〈健診センター〉)、大雄会クリニック(一般外来／専門外来)、大雄会ルーセントクリニック(健診センター／一般・専門外来)、介護老人保健施設・訪問看護ステーションなど多角的な経営を行う医療法人。
　1日平均来院患者数：総合大雄会病院250名、大雄会第一病院320名、大雄会クリニック622名、大雄会ルーセントクリニック40名
　病床数：総合大雄会病院：322床(うちICU 8床)、大雄会第一病院：132床
　職員数：約1,300名(医師数141名、看護師数480名)

(2)医療コンシェルジュ導入の背景

　医療法人大雄会の考え方と医療コンシェルジュの理念が一致する点が多いと感じたことから、2008(平成20)年に医療コンシェルジュを本格導入した。

> [現場の声①]
> (医療法人大雄会第一病院事務長兼法人本部部長　吉矢富美子氏)
> 　医療コンシェルジュの講習を受け自分たちでやっていることが間違っていなかったことを実感でき、医療コンシェルジュの講習は途中入所の初期研修にとても役立ち、特に放射線のことを事務系スタッフが理解できた。教育研修をしながら、研修

医療経営士●初級テキスト7　71

第2章　各論　医療サービスの実践

の必要性を感じた。

（3）医療コンシェルジュの取り組み

　総合大雄会病院における医療コンシェルジュの業務内容は、救急外来と紹介外来への対応である。紹介外来については全体の流れがそのままコンシェルジュサービスの流れとなっている。まず、院内の「地域連携室」に地域の患者・医師から問い合わせや予約の電話が入り診療予約をする→紹介外来専用の受付で対応→案内係（元サービス業の店長経験があるシニア）が各診療科に案内する、という流れである。ちなみに、総合大雄会病院は診療予約枠を15〜30分とっている。診療科目については日ごとに異なり、診療室もフレキシブルに対応。紹介外来での診療は原則3回まで、それ以上の場合は、地域医療連携先の診療所か大雄会クリニックへと移っていただく。また、地域の診療所から検査依頼も多く、その対応も行っている。

［現場の声②］

（医療法人大雄会地域医療連携室係長、診療情報管理士　増澤信憲氏）

　現在、法人全体で34名の医療コンシェルジュの資格保有者が勤務している。

　2007（平成19）年からの運用経験の中で学んだのは、「どのように現場でコンシェルジュを活かすか」は結局管理職の考え方によるということ。「連携室のコンシェルジュに求められる能力」は医師に要点を上手くどう伝えられるかがポイント（資質的な問題ではあるが、日々日常の医療専門用語を知る努力が必要）である。

　医師に伝えるタイミングも重要で、「医師は自分の手を止められることを嫌うが、患者を中心としてものごとを考えてもらうように促す必要性がある」などの指摘もある。

（4）筆者の視点

　民間の医療法人であるが、地域医療連携の強化と外来診療の縮小等の先進的な取り組みを行っており、その1つの要素として医療コンシェルジュを活用しているといえる。

2　医療法人鉄蕉会　亀田メディカルセンター

（1）基本データ

　千葉県鴨川市に所在する。同会の運営施設である亀田メディカルセンターは、亀田総合病院（865床（うち開放病棟30床／精神52床））、亀田クリニック（19床）、亀田リハビリテー

ション病院（56床）などの総称であり（合計940床）、常勤医師数約320名を含む2,500人のスタッフからなる。

1日の外来患者数は3,000人、70％が半径50km圏内から来院する。

（2）医療コンシェルジュ導入の背景

亀田メディカルセンターの考えるサービスとは、「健康の質を高めることにより、生活の質の向上に貢献するためのサービス」というコンセプトを持つ。2005（平成17）年1月、Kタワー病室オープンに合わせ、コンシェルジュ業務カスタマーリレーション部を立ち上げた。前身は地域医療ネットワーク室として病病連携・病診連携業務を行い、患者中心の医療提供を目指して設置したものである。その後、医療従事者相手の連携の場合、本当の意味での地域の患者の声が聞こえてこないことと、新しい病院のオープンに向け、マーケティングの強化や今まで行ってきた患者サービスを見直す必要があったことから、サービス部門を1つの部署にまとめた。

（3）医療コンシェルジュの取り組み

カスタマーリレーション部の業務内容は、次の4つである。①亀田クリニックサービス、②地域医療ネットワーク、③コンシェルジュ、④マーケティング、⑤PLANET（ASP型電子カルテを利用した地域医療連携業務）。そのうちのコンシェルジュ業務には、①お見舞い者への病室案内、②入院患者エスコート、③入院患者への生活支援（買い物代行、朝刊配達、観光・宿泊・交通案内、各種サービスの受付業務）、④病院見学希望者への対応、⑤病院内クレーム対応窓口、⑥受診相談窓口（患者様や家族・知人からの電話相談〈フリーダイヤル設置〉直接来院した方の相談業務、診察・入院予約、当センターまでの交通案内や宿泊の手配）——などがある。

［現場の声］

（医療法人鉄蕉会医療管理本部 三好法登志氏）

医療コンシェルジュがいることの利点は、まず医療従事者が医療に専念できる点である。すなわち一般職がいるから優秀な医師を確保できる点が大きい。また医療業界以外から入ることによって医療以外の視野をもって患者や医師と向き合うことができる。看護職としての視点と一般視点がちがうことで固定概念をはずすことができる。

三好氏が指摘する「医療コンシェルジュの重要ポイント」は、次の4つである。

1．カスタマーリレーション部にて病院全体の情報の共有化を図っていること
2．医事課・総務課の業務の縦割り構造を解消し、横の連携につなげるために、毎日、朝会を行っていること

医療経営士●初級テキスト7

第2章　各論　医療サービスの実践

3．患者や患者の家族の医療に対するギャップを埋めること。すなわち患者や家族への十分な説明をすること
4．カスタマーリレーション立ち上げのときにはアドバイザーとして医師をつけ、医療系スタッフではない者に対する指導を行った。現在は信頼感を得ており、すべて医療系ではないものが行っている。すなわち医療外スタッフでも十分な研修体制があれば、独り立ちして業務を行うことができること

（4）筆者の視点

日本を代表する医療法人。千葉県鴨川市という立地の特殊性もあるが独自の視点で、幅広いコンシェルジュ業務を構築しており「一見の価値あり」と思われる。

3　社会医療法人大道会

（1）基本データ

大阪府城東区にある社会医療法人。森之宮クリニック（PET健診センター）、大道クリニック（人工透析センターを中心とする内科・泌尿器科のクリニック）、森之宮病院（急性期病院）、ボバース記念病院（日本有数のリハビリテーション病院）、帝国ホテルクリニック・介護老人保健施設・訪問看護ステーション・ケアプランセンターなどを運営。

（2）医療コンシェルジュ導入の背景

大道会は法人の事業方針として以前から接遇に力を入れていた。
医療コンシェルジュは4名で、森之宮クリニック1名、森之宮病院1名（医療事務）、ボバース病院1名（医事課）、本部1名（経理→以前は院長秘書）が配置されている。
医師・看護師向けにも接遇研修を行っている。管理者向け接遇講座年1回、一般職向け接遇講座も年1回行っているとのこと。

> **［現場の声］**
> （社会医療法人大道会森之宮クリニック企画広報部課長、医療コンシェルジュ　荒木美穂氏）
> 　医療コンシェルジュの業務内容としては、森之宮クリニックでは自己検診の方へのPETの案内、大阪成人病センター（がんセンター）への案内・国立大阪医療センターの予約を行っている。また、がんの可能性の高い患者へのアテンドも行っている（がんの可能性の高い方なので気持ちを受け止めるのが大変であるとのことであった）。

74　医療経営士●初級テキスト7

医療・患者サービスの実践─医療コンシェルジュの導入事例 ⑧

(3)医療コンシェルジュの取り組み

「地域連携室」では地域の医師とのつなぎ役として、紹介患者の受診後は直ちに地域の開業医にレポートを提出する。

また、医療法人の会長の知り合いの患者へのアテンド等のVIP対応も担当している。

ボバース記念病院においてはフロントでの接遇として、朝8時30分に外来で待っている患者さんに朝の挨拶をする。

さらに荒木氏を中心に4人で毎年の新人研修を担当し、接遇について2時間講習を行っている。

医療コンシェルジュの利点としては、マナー講習・新人研修の指導者として、役に立つ特性が多いこと。特にマナー講習においては、医療コンシェルジュとして認定を受けて、実際に業務を行っているため、自信を持って講習を行うことができる。また、医療コンシェルジュの肩書があると事務系職員が、国家資格保有者である医師や看護師等と話しやすい点も指摘された。

大道会は医療コンシェルジュの重要ポイントとして以下の7点を指摘している。

ア．医事的なこと(医療法、薬事法など)の知識も必要なこと

イ．相手に敬意をもたなければ言葉遣いだけを変えても意味がない

ウ．相手(患者、医療従事者)が何を考えているのかを察知することを心がける

エ．医療知識を身につけることが必要

オ．現場の看護師との軋轢を克服する(わからないことは教えてもらうなどして)

カ．言葉遣いなどもTPOが必要である(救急時の対応など)

キ．クレームを大きくしない説明や納得する話し方が重要

医療コンシェルジュとしてのやりがいについては、「患者さんがよろこんでくれるのが何よりのやりがい」とのことであった。

(4)筆者の視点

PETセンターやリハビリ専門施設を有し、それぞれの施設の特性に応じ、医療コンシェルジュを活用している。また、職員研修にも重要な役割を果たしている。

4 名鉄病院

(1)基本データ

私鉄名古屋鉄道栄生駅脇(栄生駅連結)に位置する急性期病院。経営主体は名古屋鉄道株式会社の健保組合。現在の病床数は373床のDPC(診断群分類包括評価：医療費の包括払

医療経営士●初級テキスト7 | 75

第2章　各論　医療サービスの実践

い方式）対象病院である。1日の外来患者数は1,063名、医師74名、看護師283名の体制である。医療コンシェルジュは、看護師2名、事務3名で地域連携室にて執務している。

■（2）医療コンシェルジュの取り組み

　地域医療連携室課長で看護師でもある医療コンシェルジュの古澤敦子氏によれば、医療コンシェルジュの業務内容としては、地域連携室での事前予約（200件／月）の診療情報より個別の対応方法の検討などである。

　まず、診療情報を担当医に届け受診計画を立案する。受診方法として、①検査後の受診、②診察後の検査、③診察後の入院、④直接入院——の4タイプに分けて対応する。

　紹介元（地域開業医）に対しては、患者への連絡・調整のお願いの連絡（検査時の注意事項等）を行う。

　次に受診当日の医療コンシェルジュサービスに応じて3つのレベルを決定する。

　レベル1は来院から受診受付までの対応で、初めての受診の方・身体に障害のある方が対象となる。

　レベル2は来院時から診察～会計終了までの対応で、初めての受診の方で高齢・身体に障害のある方、または紹介元から医療コンシェルジュの依頼のある方が対象となる。

　レベル3は予約時から入院・退院支援開始までの対応で、診療情報より入院が必要で急性期以降の診療体制確保が問題と判断される症例の方が対象となる。紹介内容の確認をし、さらに事前に担当医師に検査等の確認をし、入院予約・入院前から退院困難となる問題点を挙げ、入院病棟へ連絡する。一方でMSW（Medical Social Worker：医療ソーシャルワーカー）等の退院支援担当者と連携をとり、入院前より支援をする。

　医療コンシェルジュが司令塔となり、患者の時間配分などを行い、患者の動きをコーディネートしており、言わば、院内接遇のリーダー的役割を果たしている。患者より受診以前に不安な内容を聞き、医師に尋ねるように促す等の対応を行っている。

　待っている人に対しての気配りも行い、医療知識のある看護師が医療コンシェルジュとして患者へ対応できることの利点も多い。一方で、事務方の医療コンシェルジュの仕事として患者の事前情報を医師に伝える等の業務も重要であり、医療コンシェルジュの資格を取ったことで事務方が医師と話しやすくなった点も利点である。

　医療コンシェルジュがいることの利点としては、地域連携している開業医からの評判が良く、病院のイメージが上がり、病院の経営に役立っているとの認識が病院職員間で共有できていること。結果として診療所から紹介されるケースが多くなる点が指摘されている。

　また、医療コンシェルジュは患者と一緒に院内を歩くため患者目線で病院のチェックができる点も重要である。

医療・患者サービスの実践—医療コンシェルジュの導入事例 **8**

[現場の声]

医療コンシェルジュの重要ポイントとして、名鉄病院は次の３点を挙げている。

1. 組織として医療コンシェルジュサービスを理解する必要がある。経営者の教育が必要
2. クレームは初期対応が重要であるため、院内教育や看護師教育が大切
3. 医療コンシェルジュとして患者目線で改めて見直すと、看護師の言葉遣いや総合案内の言葉遣いが気になり、改善するためにも医療コンシェルジュの経験を全体で共有できるように教育を広げて行くことが重要

医療コンシェルジュとしてのやりがいは、「患者さんがよろこんでくれること」。また、「地域連携の開業医から感謝されること」も大きな励みになっているようである。

■（3）筆者の視点

地域医療連携室の看護師の視点で、医療コンシェルジュ業務を構築している点に特徴がある。特に入院時から退院支援を開始する手法は斬新で興味深い。

5 川崎市立多摩病院

■（1）基本データ

JR南武線登戸駅に隣接する川崎市立の病院であるが、指定管理者として聖マリアンナ医科大学が運営。病床数376床の急性期病院で、１日外来患者数は約850名。小児救急医療（24時間受け入れ）、救急災害医療センターを有する。

■（2）医療コンシェルジュ導入の背景

市民病院で非常に患者の権利意識が強いことや生活保護の患者も多いといった地域事情もあり、クレーム対応に苦慮しているという、この病院特有の背景がある。

■（3）医療コンシェルジュの取り組み

医療コンシェルジュの佐藤敏夫氏および事務部長で医療コンシェルジュでもある斎藤裕氏によれば、コンシェルジュスタッフ２名はいずれも男性で総合案内に１名、もう１名は事務部長が兼任しているということである。医療コンシェルジュの主な業務は、看護師がトリアージする前に、患者の話をヒアリングして診療科歴の確認を行い、その内容を看護師にメモとして渡すなど、次の案内につなげること。それ以外には待合室の人々にもまんべんなく気配りをする。まめな声かけ、携帯のお断り、椅子が足りなければ補充したり、

医療経営士●初級テキスト7 | 77

第2章　各論　医療サービスの実践

車椅子の患者を送ったりもする。

　職務の基本は来院患者のサポートであり、クレーム処理については医事課が担当し、最終的には事務部長が対応する。

　医療コンシェルジュがいることの利点としては、男性の医療コンシェルジュであるので、看護師や女性の医事課の女性に安心感を与えることになった点が挙げられる。また、男性が対応することでクレームが実際に減少し、全体に病院の雰囲気が良くなった等が指摘された。

　加えて患者との信頼関係が構築されつつあり、自分の診療日に佐藤氏が勤務しているかどうかをわざわざ確認するなど、患者にも好評である。

［現場の声］

　医療コンシェルジュの重要ポイントとして、川崎市立多摩病院は以下の6点を指摘している。

　　1．接遇に関しては経験が必要。かなり無理なことを言ってくる患者も多く、他
　　　の患者さんに気づかれることなく、受診の順番を早めるなどという機転を利か
　　　せる必要がある

　　2．筋論クレーマーも多く、根拠のある説明が必要。インターネット等で情報入
　　　手することが容易になったため、患者の情報レベルが上がり、うかつなことは
　　　言わない

　　3．医療トラブルについては初期対応が最も重要。メディエーターとして調整す
　　　る以前に初期の対応をコンシェルジュが行うことが大切

　　4．医療従事者（医師）との連携（連絡）が重要。クレームがきそうな患者について
　　　は事前に情報を共有していくことができる

　　5．挨拶が基本・水曜日はスマイルデー（院長はじめ職員が朝から病院入口に立ち
　　　外来者に挨拶をする）とするなど、職員全体の教育の場を作る

　　6．総合受付業務としては、最終的には傾聴と接遇に集約される

■（4）筆者の視点

　市民病院における総合案内機能をメインに置いた医療コンシェルジュの例。男性である点もユニークである。

医療・患者サービスの実践—医療コンシェルジュの導入事例 **8**

6 東大病院22世紀医療センター（ハイメディック・東大病院）

（1）基本データ

株式会社ハイメディックは、2006（平成18）年11月にGE横河メディカルシステムズとともに、「コンピュータ画像診断学／予防医学」を寄付講座として立ち上げた。寄付金額は2億5,000万円（年間5,000万円）で、画像医学を中心とした予防医学の質を向上させるための技術の創造を目指している。

具体的には、三大生活習慣病の早期発見と予防を主な目的とする会員制メディカルクラブを運営するハイメディックが、東大病院内に「ハイメディック・東大病院」を開設し、この検診事業の業務を受託した東大病院が、GE社製のPET-CT、3T MRI、デジタルマンモグラフィなど最先端の医療機器を活用して検診を行う。

「コンピュータ画像診断学／予防医学」では、この検診によって得られる画像データを集約し、データの解析法や予防医学領域への応用の可能性について研究を行っている。現在、1日当たり最大14名の人間ドック受診者を受け入れている。

（2）医療コンシェルジュの取り組み

検診の予約は事務スタッフが、検診自体は事務スタッフと医療従事者が担当し、アフターフォローを医療コンシェルジュが担当している。

ハイメディック・東大病院の医療コンシェルジュで看護師の速水潤子氏によれば、検診後のアフターフォローとしては、東大病院における二次検査予約代行および東大病院以外の病院への紹介（予約代行はなし）、二次検査後のセカンドオピニオン外来の紹介、同じくハイメディックが運営する東京六本木のミッドタウンメディカルセンター内の医療相談室への紹介、治療病院の紹介などである。

［現場の声］

医療コンシェルジュの重要ポイントとして、東大病院22世紀医療センターからは以下の5点が指摘された。

1．会員制組織の特性上、クライアントは「健康を買っている」という意識が強く、医療サービスに対しての見識が高く、情報量も多く、健康マニア的な人も多いといった特徴がある。そうした中でクライアントに満足してもらうためには、常に新しい医療情報を持ち、クライアントに対していくつかの治療のバリエーションを資料とともに揃える。いくつかのセレクションをクライアントに与えることが重要

2．クライアントの人物像を把握すること。相手がどのような人間で、どのよう

医療経営士●初級テキスト7 | 79

第2章　各論　医療サービスの実践

なことを要求しているのかを常に相手から引き出す能力が必要

3．ハイメディックは企業としてサービスを提供しており、ハイメディックから東大病院への二次検査をつないだ場合、サービスの差がクレーム対象になることが多い。クライアントに対して、検診センターと病院との違いを理解してもらうために、きちんと説明をする。できない現場（病院）でできるだけのサービスを行っていることをクライアントに感じてもらう

4．東大病院内への案内のときにはできるだけ担当医師の時間の流れ方を理解して予約を入れる。クレームが起きたときにはどこに問題があるのか明確にしてプランの再提案を行う

5．検診後、東大病院ないし他の医療機関に紹介する場合、その後の1日の流れを丁寧に説明して、治療・入院という場合にもさまざまなセレクションからきちんと説明をしてクライアントに満足をしてもらう

　医療コンシェルジュとしてのやりがいを聞くと、「看護業務ではわからなかった一般社会の常識が見えたこと。反対に一般の会社が病院のことをわかっていないということも知った。会社（社会）と医療従事者との橋渡しとしてパーソナリティを生かしていきたい。検診と病院のコーディネーターの仕事は重要なので自分のような人間がもっと増えたらうれしい」ということであった。

（3）筆者の視点

　会員制の人間ドック施設における先行モデル。自由診療における上質なサービスと二次検査および、それ以降の医療連携といった大きな2つの機能を受け持っている。

医療・患者サービスの実践―医療コンシェルジュの導入事例 ⑧／欧米における医療サービスの現状 ⑨

⑨ 欧米における医療サービスの現状

1 メディカルツーリズム

　海外における医療サービスはその国における医療制度や保険制度等によってさまざまであるが、患者サービス部分においては、メディカル・コンシェルジュ（Medical Concierge）を活用したコンシェルジュ・メディスン（Concierge Medicine）という考え方が米国を中心に1996（平成8）年頃から始まっており、発展を遂げている。米国の医療サービスの特徴として、国土が広く手術等を受けるような総合病院を受診する際には飛行機等による移動や、家族などのホテルの手配が必要であること、他民族国家であるが故に母国語で医師の診察を受けるのに通訳等のサポートが必要なことなどが挙げられ、そのような背景から広まったのが1つの流れである。

　もう1つの流れとして、メディカルツーリズムがある。メディカルツーリズムとは、「観光」と「医療サービス」をセットにしたパッケージツアーで、一流ホテル並みの施設とサービスに加え、高度な医療技術も低価格で提供するものだ。ただし「メディカルツーリズム」と一言でいってもさまざまで、臓器移植をするために海外の医療を受けることから、美容整形やレーシック（近視手術）、健康診断などが手軽に受けられるという理由で海外へ行くことまで含まれる。

　医療費が高額な欧米の患者が自国の高い医療ではなく、医療費の安いアジア諸国に渡航し、現地の病院で治療を受けるケースが増えている。特にインドへのメディカルツーリズムが有名で、医療技術の高さに加え、英語が通じる気楽さが欧米の人々に受けているという。シンガポールやタイなどの東南アジアの国々でもメディカルツーリズムに力を入れており、欧米を中心に多くの患者が医療を受けるため渡航している。いずれの国々もメディカルツーリズムは政府主導で行っており、観光資源が豊かで、かつ医療費の安いアジア諸国にとっては、非常に手堅い外貨獲得のための手段ともいえよう。2008（平成20）年には台湾の最高行政機関である中華民国行政院が年間10万人のメディカルツーリズムの受け入れを目指した構想を打ち出したが、2011（平成23）年における台湾のメディカルツーリスト到着者数は2万人弱と報告されている。台湾のメディカルツーリズム市場は、主に中国人の富裕層をターゲットにしており、2012（平成24）年から2015（平成27）年にかけて、CAGR（年平均成長率）7％で拡大すると予測されていた。その後、台湾政府の衛生福利部

医療経営士●初級テキスト7　81

の統計では、2017（平成29）年の医療インバウンドは30万5,600人、収入は174億6,100万元（約635億円）と順調に推移している。

　わが国においては、2010（平成22）年に経済産業省が行った国際医療ツーリズム実証事業の中間報告を公表している。2010（平成22）年2〜3月において、ロシア、韓国、米国、中国からの24名の受診者（すべてが健診ないし人間ドック受診者）に対して調査を行った結果、日本の医療レベルに対する信頼感、それを受けることができるステータス、日本の医療スタッフの質の高さなど肯定的な意見がある一方で、短期間で事業を立ち上げたために発生した課題（プロモーションに十分な時間を確保できなかった、医療機関とアレンジ事業者のコミュニケーション機会が不足していた、アレンジ事業者間の連携を促進するための機会を確保できなかった、など）が明らかになった。わが国における医療ツーリズムの可能性をより高い精度で検証するには、今回構築した国内外の関係者のネットワークや事業インフラ等を基盤に、さらに踏み込んだ取り組みが必要になると指摘している。

　具体的には、わが国における医療ツーリズムの発展のためには、医療機関側の受け入れ体制の整備、および医療ツーリズム関連分野における産業の育成の両方を推進していく必要があると考えられる。中でも医療機関側の受け入れ体制の整備については、外国人向け健診・治療サービスの開発・提供、異なる言語・文化・生活習慣への対応など、個別の医療機関が取り組むべき領域が存在し、環境整備が期待される。さらに、参加医療機関の拡大、契約書や各種文書の標準化、外国人顧客・外国人スタッフの受け入れを阻害する法制度・規制等の見直し検討、海外医療機関との連携など、さまざまな方策の検討を、国や医療界が主体となって推進していくことが必要となるであろう。

　また、医療ツーリズム関連分野における産業の育成に関しても、個別のサービス高度化は個別事業者が自助努力で取り組むべきだが、海外における日本の医療に対する認知度向上に向けた取り組みの支援、医療通訳・翻訳のレベル認定等、個別事業者の取り組みだけでは限界のある領域については、国や業界団体が連携して環境整備を行っていくことが期待される。これらの領域については、今後、さらなる可能性・方策の検討が求められると指摘している。

　一般に、外国人が母国を離れて来日し、自己負担で日本の医療（健診・治療）を受ける場合には、満足度の高い検査・治療を人一倍強く求める傾向がある。日本の医療機関が、そのような世界の患者の高い期待に応えていくことは、日本の医療サービスが世界の医療サービスとともに向上することにもつながり、結果として、外国人・日本人、双方にメリットがあると考えられる。

　政府の諮問によりメディカルツーリズムの推進を図るための検討を行っている「訪日外国人に対する適切な医療等の確保に関するワーキンググループ」が2018（平成30）年6月に提言した「訪日外国人に対する適切な医療等の確保に向けた総合対策（案）」によれば、訪日外国人患者に対する円滑な支払いの確保の方策として、キャッシュレス決済比率の向上

を挙げ、産学官から構成される「キャッシュレス推進協議会(仮称)」を設立し、世界各国に比して低迷しているキャッシュレス決済比率の向上を目指す方針が打ち出されている。また、医療費前払いによる支払い方法の導入も、併せて検討することとされている。

これらの施策により、外国人患者の診療費支払い等に関するトラブルを回避し、双方にとってメリットのある持続可能なメディカルツーリズムの体制が整うことが期待される。

2 各国の医療・患者サービス

それでは、諸外国はどうしているのだろうか。最後に諸外国で実際に事業として行われている医療サービス・患者サービスや病院での実例をいくつか紹介する。

(1) Total Access Medical（トータル・アクセス・メディカル：米国、ペンシルバニア州フィラデルフィア市）

2002(平成14)年11月設立の米国ペンシルバニア州のコンシェルジュサービス医療経営会社。一次医療分野における患者と医療者をつなぐ総合的なサービスを提供。所属の医療者は一度に対応する患者数を制限することにより、的確かつ高品質な予防医療と治療を提供している。米国では医師への報酬は一般の医療保険(患者自身の掛け金による)からまかなわれているが、経済不況等を背景にした保険加入者の伸び悩みにより年々減少傾向にある。医療を提供するために医師は1日平均30～40名の患者を1人当たり7分程度で診察しなくてはならない事態になっている。次第に医師―患者間の関係は悪くなり、予約は難しく、待ち時間は長く、検査前後および検査中に医師が不在がちとなり、働くスタッフにも不満が蓄積されている。2004(平成16)年、ペンシルバニア州でストライキが敢行された。また、2010(平成22)年6月10日には、ミネソタ州で看護師1万2,000人余りがストライキに打って出た。

このような背景が後押しとなり、2010(平成22)年3月、米国オバマ大統領(当時)による「医療保険制度改革法(Patient Protection and Affordable Care Act: PPACA)」(いわゆるヘルスケア改革法)が成立している。この法律には国民の大半に医療保険への加入を義務付けており、①零細企業の従業員や自営業者など雇用主が提供する保険に加入できない人も、新設される保険市場「エクスチェンジ」から保険を購入できる体制を整備すること、②加入者が、持病や新たに罹患した疾病、性別などを理由に保険会社から保険の加入や更新を拒否されないように保護すること、③医療界が医療の質の向上とコスト削減のための措置を講じること、などを定めている。

さらに同法には、これらの改革の実施にかかる予算を調達するため、医療業に対する新たな課税措置などが盛り込まれている。

これらの動きがどのような効果をもたらすかを評価するには、ある程度時間が必要であ

るが、無保険者の数が減ることは病院にとってはよい流れであり、医療の質の確保や予防医療・公衆衛生の重視などは、医療従事者のみならず患者・受診者本位のあるべき姿に向かうものと言えるだろう。

一方で、院内感染により発症した病気や、回避可能とみられる再入院の費用に対するメディケア（高齢者医療保険）の支払いが削減されるなど、医療の質に応じた支払いが導入された。病院では、一層のサービス効率化と質の向上が求められる。

(2) Cleveland Clinic（クリーブランド・クリニック：米国、オハイオ州クリーブランド市）

1921（大正10）年創立の私立の医療センター。従業員は2万1,000人でクリーブランド最大規模のヘルスケア・システムを誇る。世界90カ国から患者の訪問があり、各国語（日本語を含む）の通訳無料サービスが受けられる。

メディカル・コンシェルジュサービスとして以下のサービスを提供している。

ア．複数の予約の調整
イ．クリーブランドクリニックへの航空券の手配
ウ．宿泊・住居の手配
エ．空港―ホテル間の移動手段手配
オ．同伴家族向けの娯楽のご案内

その他、入院中の専属看護師の手配なども含め、要望に応じている。

(3) EastCoast Medical Network（イーストコースト・メディカル・ネットワーク：米国、フロリダ州オーランド市）

医療におけるさまざまなサービスを提供している会社。サービスには以下のようなものがある。

ア．有資格医療者のメディカル・コンシェルジュが年中無休で電話相談に応じている
イ．医師が簡易医薬キットを携帯しており、主な薬品や検査薬を用いて健康管理の手助けを行う
ウ．医療サポートとしては、必要な治療が受けられる最適な医療機関探しを医療スタッフがサポートするサービスがある。当日でも最寄りの医療機関の受診が可能で、以下の分野にて専門家を配置している。

在宅医療、小児科、歯科、眼科、整形外科、産婦人科、カイロプラクティック、歯科（緊急を要する治療や口腔施術、急な対応も可能。特殊な歯科医療についても矯正歯科医、歯内治療医が対応）
エ．在宅医療として、毎日24時間体制で登録看護師または有資格者が専門的かつ親身に大事な患者家族の健康を見守るサービスを提供している

オ．医療機器等の貸し出し。患者がオーランド滞在中に貸し出し可能な医療機器等を取り揃えている。貸し出しの際にはホテルまで届けている（レンタル品の一例：原付バイク、車椅子、シャワー・バス、酸素、噴霧器、松葉杖、歩行器、電力変換器など）

カ．モバイルレントゲンサービス。事故に遭遇した場合、レントゲン技師がホテルの部屋を訪問し、症状に応じて撮影する。電話を受けてから2時間以内にレントゲンを撮り、その後2時間以内に第一次結果報告書を作成する。すべての画像は有資格の放射線科医師が読影し、その結果を医療者が患者に説明する

（4）Jackson Memorial Hospital（ジャクソン記念病院：米国、フロリダ州マイアミ市）

1918（大正7）年に創立された歴史ある病院。メディカル・コンシェルジュは患者および家族の医療面以外の要望に応えることを目的に配置されており、入院中の患者および家族のサポートを行っている。専属の病院コーディネーターまたはメディカル・コンシェルジュが来院前から患者と接触し、ほぼすべてのサービスが整った状態で病院に迎える。患者は病院に到着すると、病院コーディネーターまたはメディカル・コンシェルジュが入院手続きなどに随行する（この個別対応のサービスが入院にまつわる不安の解消に役立っている）。

（5）MDVIP（米国、フロリダ州ボカラトン市）

2000（平成12）年に設立された会員制の医療ネットワークの1つ。全米29州と地域の79拠点にて展開しており、300名以上の臨床医と1万人以上の患者会員を有する。24時間365日のサービスを行っており、会員患者は年会費を払うことにより、検査結果や治療内容、診療方針等を含む自己の医療記録を毎年CD-ROMで受け取ることができる。

（6）Johns Hopkins Medicine（ジョンス・ホプキンス・メディスン：米国、メリーランド州ボルチモア市）

米国メリーランド州ボルチモア市に位置する、全米屈指のメディカルセンター。

メディカル・コンシェルジュサービスとして電話またはEメールでの予約の手配を受け付けており、高度に訓練されたメディカル・コンシェルジュが適切な専門家の手配から、複数の診療科の受診予約の調整、病院内のさまざまなサービスの紹介など、来院に向けた準備を行っている。

（7）MedNet Brazil（メドネット・ブラジル：ブラジル）

2003（平成15）年5月設立。メドネット・ブラジルでは米国内よりも大幅に安価な医療費で、熟練した医師による手術を提供し、入院から退院までをサポートする。対象の診療

第2章　各論　医療サービスの実践

は当初は形成再生外科のみだったが、現在では歯科、皮膚科、心臓・神経分野、肥満学・減量、レーシック手術、静脈瘤手術などにも及んでいる。

（8）Medical Tourism Philippines（メディカルツーリズム・フィリピンズ：フィリピン）

　RxPinoy社がマニラ中心に提供しているメディカル・コンシェルジュサービス。

　セントリュークスメディカルセンター（St. Luke's Medical Center）、マカティメディカルセンター（Makati Medical Center）、メトロポリタンメディカルセンター（Metropolitan Medical Center）などの有力病院と提携しており、美容整形、眼科、肥満対策、歯科などの医療サービスを主に欧米の富裕層向けに提供している。

　コンシェルジュサービスとしては、空港までの出迎えを含む送迎サービス、診察予約代行、看護師付き添い、救急車手配、ホテル手配、市内観光手配などを含む。

（9）Wellcare Executive Concierge Service（ウェルケア・エグゼクティブ・メディカル・コンシェルジュ：シンガポール）

　シンガポールのメディカルツーリズムの事業会社の1つ。

　要望に合わせてコンシェルジュがオーダーメイドのサービスを医療旅行者に提供している。

　シンガポール政府観光局など政府機関や民間会社とも協力。リムジン会社、ホテル、長期滞在アパート業者、旅行代理店などと提携している。提供サービスとしては宿泊予約、病院紹介、医師紹介、リムジン・サービス、レンタカー手配、医療通訳、旅行手配、執事サービスなどがある。

（10）Cosmetic Surgery Travel（コスメティック・サージェリー・トラベル：タイ）

　タイではメディカル・コンシェルジュとして「インターナショナル・メディカル・コンシェルジュ」という海外で医療や治療の調整をする訓練された専門家がいる。地元言語を話し、現地医療のサポートする役割を担っている。

　資格を取得したメディカル・コンシェルジュは最低1年間、個人や団体の医療プログラムのマネジメントを経験することになっている。

　コスメティック・サージェリー・トラベル（Cosmetic Surgery Travel）は主に美容整形部門のメディカル・コンシェルジュサービスを提供している。

欧米における医療サービスの現状 ❾

（11）East West Medical Center（イーストウエスト・メディカルセンター：
　　　中国、広東省広州市）

　2005（平成17）年11月に中国広州市で働く日本人およびその家族向けに、日本語で受診できるクリニックとして開設。日本語のできる日本人および中国人のメディカル・コンシェルジュを6名配置している。受診時の立ち会いや通訳、電話相談、市内の大学病院等に検査依頼で受診する際の立ち会い、手続き代行等、多岐に及ぶサービスを提供している。

医療経営士●初級テキスト7　87

確認問題

問題1 医療サービスの実践について、間違っているものを選べ。

[選択肢]

①医療サービスに必要とされるスキルとしては、医療接遇とメディカルコーチングが挙げられる。

②未収金の問題は、医師法19条の応召義務と1949年当時の厚生省の通知による「患者の貧困や医療費の不払いが あっても、直ちにこれを理由として診療を拒むことはできない」の2つの根拠から、医療機関にとっては必然的に発生する課題となっている。

③北欧やイギリス、オランダ等の高福祉国家などにおいては、日本のような受診当日の待ち時間の問題はほとんど存在しないが、別に「ウェイティング・タイム(Waiting Time)」という指標が存在し課題となっている。

④電子カルテシステムを導入することで、多くの医療機関において、待ち時間問題の解決が可能である。

⑤日本におけるテレホントリアージは、現在普及途上であるが、その重要性は高まっている。

確認問題

解答1 ④

解説1

①○：医療サービスの基本はコミュニケーションであり、医療の現場に即したコミュニケーション能力を高める上で、医療接遇とメディカルコーチングは有用なスキルである。

②○：未収金問題は一般のサービス業では発生しにくい問題である（サービス代金を支払わない者にはサービスを提供しない、必要に応じてデポジットやクレジットカードの提示を求める等の対策が可能）。医療においてはその特殊な事情から医師法や厚生省通知により、経済的な理由で診療を停止した場合の重要性を鑑みて、診療費の支払いができない患者に対しても診療行為を行うことが義務づけられており、当然の結果として未収金問題はすべての医療機関の共通課題である。未収金対策は予防対策が重要であり、一旦発生した未収金を回収するのは、費用対効果を考えても割に合わないことが多い。

③○：イギリス、オランダ、イタリアをはじめ高福祉国家と言われている北欧4カ国（ノルウェー、スウェーデン、フィンランド、デンマーク）、イギリスの旧植民地のカナダ、オーストラリア、ニュージーランド等では医療機関のほとんどが公立で医療保障が手厚く、患者の自己負担はほとんど生じない。また受診当日の待ち時間はほぼゼロであり、ほとんど問題にならない。しかしながら、予約をしてから診察までの期間が数日から数百日と長いのが実情であり、この待ち期間をウェイティング・タイムと称し、大きな課題となっている。

④×：電子カルテシステムを導入しただけでは待ち時間の解消は望めず、導入後も継続して多職種が協力して運用を含めた改善を継続して行うことにより、待ち時間の短縮が得られた報告が多い。

⑤○：日本におけるテレホントリアージは、東京消防庁の「＃7119」、横浜市のコールトリアージ、厚生労働省小児救急電話相談事業「＃8000」等が実際

に運用されているが、全国的な普及が今後の課題である。テレホントリアージは、救急医療の現場における救急車の出動回数の抑制、不要不急の救急外来受診の抑制、医療費の適正配分において重要な役割を果たすことが予想されている。

参考文献

クリストファー・ラブロック著、小宮路雅博監訳、『サービス・マーケティング原理』、白桃書房、2002

Common Achievement Tests Organization（CATO）　ホームページ、http://www.cato.umin.jp/02/0601osce_outline.html

高度情報通信ネットワーク社会形成基本法、http://www.kantei.go.jp/jp/it/kihonhou/honbun.html

Personal Health Record　ホームページ、http://en.wikipedia.org/wiki/Personal_health_record

Total Access Medical Concierge Medicine IIC　ホームページ、http://www.totalaccessmedical.com/about.html
Kaiser Permanente　ホームページ、https://www.kaiserpermanente.org/

Sentara Healthcare　ホームページ、http://www.sentara.com/Pages/default.aspx

吉田敏子著、『患者取り違え事故はなぜ起きたか——横浜市立大学医学部附属病院での手術体験から』、文芸社、2004

国立病院等における医療サービス研究会国立病院編、『療養所における医療サービス向上の指針』、新企画出版社、2002

Yahooヘルスケア　ホームページ、http://health.yahoo.co.jp/

Gooヘルスケア　ホームページ、http://health.goo.ne.jp/

病院の通信簿　ホームページ、http://www.tusinbo.com/

消費者基本法　ホームページ、http://law.e-gov.go.jp/htmldata/S43/S43HO078.html

平成20年度診療報酬改定の概要と解説、Business Research2004.2 、http://20.iryoujimu1.com/h20-14.html

危機管理は「知識」より「意識」　田中正博、「ISSUE BRIEF2007年問題——団塊の世代の退職をめぐって」、国立国会図書館 ISSUE BRIEF NUMBER 561、2007

平成20年受療行動調査、http://www.mhlw.go.jp/toukei/saikin/hw/jyuryo/09/index.html

安藤潔編、『メディカル・コーチングQ&A——医療・看護の現場からの質問40』、真興交易（株）医書出版部、2006

平成24年版厚生労働白書、http://www.mhlw.go.jp/wp/hakusyo/kousei/12-1/dl/gaiyou.pdf

Kewal K. Jain著、阿部博幸訳、『個別化医療テキストブック』、国際個別化医療学会

平成23年版厚生労働白書、http://www.hakusyo.mhlw.go.jp/wpdocs/hpax230301/b0068.html

消費者庁 ホームページ、個人情報保護に関する法律の概要、http://www.caa.go.jp/seikatsu/kojin/gaiyou/index.html

医療安全対策厚生労働省、http://www.mhlw.go.jp/seisakunitsuite/bunya/kenkou_iryou/iryou/i-anzen/index.html

京都産業大学 福井研究会内田安美他ISFJ政策フォーラム2009発表論文、医業未収金をなくすために、http://www.isfj.net/ronbun_backup/2009/a03.pdf

カードによる医療費の支払方式の拡大（概要）──行政苦情救済推進会議の意見を踏まえたあっせん、http://www.soumu.go.jp/main_content/000145866.pdf

厚生労働省、平成17年度受療行動調査、http://www.mhlw.go.jp/toukei/saikin/hw/jyuryo/05/index.html

厚生労働省、平成23年度受療行動調査、http://www.mhlw.go.jp/toukei/saikin/hw/jyuryo/11/kakutei.html

公益財団法人日本病院評価機構病院機能評価事業評価項目、http://jcqhc.or.jp/works/examination/e2.html

医療機関における待ち時間対策：具体的方法と待ち時間の捉え方、長谷川万希子（高千穂大学経営学部経営学科）、http://www.takachiho.ac.jp/~hasegawa/seminar/okeda.pdf

電子カルテの有用性に関する定量的検討──タイムスタディ・ビデオ解析、川村和久、かわむらこどもクリニック、外来小児科、10(1)：76、2007

オーダリング・システム導入前後での外来患者様待ち時間調査、向井みゆき、植原君代、後藤謙、飯田さよみ、国立南和歌山病院、医療マネジメント学会雑誌、2(1)：112、2001

診察進行状況がわかる受付時間表示への取り組み、大久保由美子、小松ゆみ子、黒澤薫、田口三枝子、高橋美紀子、佐々木英子、仙北組合総合病院内科外来、秋田県農村医学会雑誌、50(2)：32、2005

外来化学療法における看護師の役割、坂本町子、他、秋田農村医科誌、52(2)、2007,2

制約条件理論を用いた病院放射線科の業務効率化に向けた研究 、萩田香澄、佐藤敏彦、渡邊光康、工藤安史、相澤好治、北里大学医学部衛生学公衆衛生学、日本衛生学雑誌、62(2)：726、2007

外来診療室の外で何が起こっているのか、水野稔、他、外来小児科、7(3-4)、361、2004

小児科外来におけるナースの役割──待合室にも看護がある、東ちえみ、江上経誼、江上小児科医院、小児科診療、61(11)：2093-2098、1998

小児科外来に対する母親のニーズ、高橋貢、高橋浄香、伊藤香代子、久米ひろみ、森川亜紀、曾我部佳代子、水木悦子、河本梢、一色早恵、高橋こどもクリニック、外来小児科、7(2)：165-167、2004

院内表示システムの有用性とその活用、松下享、松下こどもクリニック、外来小児科、9(1)：104、2006

患者満足度調査分析からみた病院運営のあり方、望月智之、他、川越胃腸病院、病院60（2）、2001,2

外来患者待ち時間分析による完全予約外来の評価、松本武浩1、木村博典2、山田理恵3、安日一郎3、宮下光世2、長崎大学医学部歯学部附属病院医療情報部、国立病院機構長崎医療センター総合情報センター1、国立病院機構長崎医療センター総合情報センター2、国立病院機構長崎医療センター地域医療連携室3、医療マネジメント学会雑誌、7（1）：229、2006

電子カルテの受付部分；予約システム、濱田恒一、ハマダ眼科、治療、88（5）：1579-1585、2006

外来患者の受診状況ごとに検討した待ち時間調査、徳永誠、中根惟武、熊本機能病院サービス向上委員会、日本医療マネジメント学会雑誌、7（3）：434-437、2006

外来患者サービス提供時間にみる電子カルテの効果に関する研究、宇田淳、他、広島国際大学、病院管理、41（臨時増刊号）、2004,8

外来オーダーエントリーシステムの効果「外来待ち時間の分析」、松本武浩、木村博典、山田久美子、古賀満明、向原茂明、国立病院長崎医療センター医療情報管理室、医療マネジメント学会雑誌、4（4）：497-501、2004

待ち時間と満足度を組み合わせた外来患者調査、渡邊進、前田恵子、吉田由貴美、梶本光代、田村保喜、野村幸一、中根惟武、徳永誠、熊本機能病院、医療マネジメント学会雑誌、7（1）：267、2006

外来患者の待ち時間に関する実態調査——許容待ち時間と待てる理由、日本看護学会論文集33回看護管理、明円美幸、他、140～142、2002

待ち時間に対する患者意識調査について、真鍋恭弘、医報とやま1368：8～10、2004

待ち時間と満足度を組み合わせた外来患者調査、徳永誠、渡邊進、中根惟武、熊本機能病院サービス向上委員会、医療マネジメント学会雑誌、7（2）：324-328、2006

大学病院の患者満足度調査——外来・入院患者の満足度に及ぼす要因の解析、今井壽正、他、病院管理、37（3）、2000,7

満足度と重視度による外来患者サービスの評価、田久浩志、病院管理、31（3）、221-229、1994

待ち時間について：患者待ち時間の短縮、歳川伸一、中央検査部、東京慈恵会医科大学雑誌、121（5）：242-243、2006

苦情対応システムの実際とその評価——臨床現場の事例から、第1回「意見活用システム」の意義・構造、佐伯みか、田中知雄、病院、63（4）、2004,4

地域医療機関による東京医科大学病院の評価——2回のアンケート調査の比較、松原邦彦、松本弘幸、生澤富士子、金澤真雄、東京医科大学病院医療連携室、東京医科大学雑誌、66（2）：270-275、2008

医療への信頼と満足——医療信頼度調査結果から、安川文朗、他、同志社大学研究開発推進機構、病院管理、41、臨時増刊号、2004,8

病院機能評価更新に向けての取り組み、下條文武、他、新潟医学会雑誌、119(12)、2005、12

大学病院の患者満足度調査——外来・入院患者の満足度に及ぼす要因の解析、今井壽正、他、病院管理、37(3)、2000、7

患者満足度による医療の評価——大学病院外来における調査から、長谷川万希子、杉田聡、病院管理、30(3)、231-240、1993

外来患者における来院のきっかけ及び継続受診意志に関する調査研究、今井久、山梨学院大学、病院管理、38(臨時増刊号)、2001,8

満足度と重視度による外来患者サービスの評価、田久浩志、病院管理、31 (3)、221-229、1994

外来患者の実態調査(第Ⅱ報)、上野範子、他、看護展望、17(8)、942-950、1992

第15回＜糖尿病ケアを極める＞患者心理を踏まえた声かけのコツ、栗原知女、編集部、ナーシング・トゥデイ、20(7):40-42、2005

苦情対応システムの実際とその評価——臨床現場の事例から、第4回現場スタッフの葛藤および苦情対応システムの10の重要ポイント、佐伯みか、田中知雄、病院、63(7)、2004,7

外来待ち時間に関する実態調査——患者満足度調査と看護師自己行動評価から、山本利子、新藤恭子、池田美枝子、幸手総合病院、日本農村医学会雑誌、57(2)：98、2008

救急医療におけるテレホントリアージ活用と有効性に関する研究、財団法人電気通信普及財団、第24回テレコム社会科学学生賞応募論文、東京医療保健大学医療保健学部医療情報学科3年 中嶋香奈子、根本由香里

Ian St George: Universal telenursing triage in Australia and New Zealand. A new primary health service、AUSTRALIAN FAMILY PHYSICIAN Vol. 37、No. 6、June 2008 pp.476-479

Evergreen Healthline　ホームページ、https://www.evergreenhealth.com/for_patients/medical_services/nurse_navigator_and_healthline

早野真佐子、シルバー新報、第838号・第839号・第840号、環境新聞社、2008

東京消防庁　ホームページ、http://www.tfd.metro.tokyo.jp/

コール・トリアージ・アルゴリズム——社会技術研究開発センター、http://www.ristex.jp/implementation/development/hansou/2009-1houkoku.html

厚生労働省、小児救急医療電話相談事業（＃8000）について、http://www.mhlw.go.jp/topics/2006/10/tp1010-3.html

医療コーディネーター協会　ホームページ、http://www.jpmca.net/

特定非営利活動法人医療コンシェルジュ研究所　ホームページ、http://www.jmcl.jp/

医療メディエーター協会　ホームページ、http://www.jahm.org/

MD²International　ホームページ、http://www.md2.com/home.php

真野俊樹著、『グローバル化する医療──メディカルツーリズムとは何か』、岩波書店、2009

Total Access Medical Concierge Medicine　ホームページ、http://www.totalaccessmedical.com/press_releases_patients.html

クリーブランド・クリニック「メディカルコンシェルジュ」　ホームページ、http://my.clevelandclinic.org/patients/hospitalstay/concierge.aspx

East Coast Medical Network　ホームページ、http://www.themedicalconcierge.com/

ジャクソン記念病院　ホームページ、http://www.jhsmiami.org/landing.cfm?id=7

MDVIPホームページ、http://www.mdvip.com/newcorpwebsite/index.aspx

ジョンス・ホプキンス・メディスン　ホームページ、http://www.hopkinsmedicine.org/

メドネット・ブラジル　ホームページ、http://mednetbrazil.com/

メディカルツーリズム・フィリピンズ　ホームページ、http://medicaltourismphilippines.rxpinoy.com/

ウェルケア・メディカル・コンシェルジュ　ホームページ、http://www.singaporemirror.com.sg/co_wellcare.htm

コスメティック・サージェリー・トラベル　ホームページ、http://www.cosmeticsurgerytravel.com/

イーストウエスト・メディカルセンター　ホームページ、http://eastwestmedico.com/index.htm

索　引

[数字]

21世紀型医療ソリューション・・・・・・・・66

36協定・・・・・・・・・・・・・・・・・・・・・・・・・・23

2025年問題・・・・・・・・・・・・・・・・・・・・・・22

[A]

AI ・・・・・・・・・・・・・・・・・・・・・・・・・・・23

[B]

B to B（Business to Business）・・・・・・・31

B to C（Business to Customer）・・・・・・31

[G]

GP ・・・・・・・・・・・・・・・・・・・・・・・・・・・53

[I]

IHN・・・・・・・・・・・・・・・・・・・・・・・・・・・17

Iメッセージ・・・・・・・・・・・・・・・・・・・・・45

[O]

OSCE ・・・・・・・・・・・・・・・・・・・・・・・・・14

[P]

PHR ・・・・・・・・・・・・・・・・・・・・・・・・・・17

PPACA ・・・・・・・・・・・・・・・・・・・・ 17, 83

[W]

WEメッセージ ・・・・・・・・・・・・・・・・・・・45

[Y]

YOUメッセージ ・・・・・・・・・・・・・・・・・・・45

[い]

医師事務作業補助者・・・・・・・・・・・・・・・・23

医師法第19条・・・・・・・・・・・・・・・・・・・・48

医師面談・・・・・・・・・・・・・・・・・・・・・・・・13

医療界の2007年問題・・・・・・・・・・・・・・・21

医療コーディネーター・・・・・・・・・・・・・・66

医療コミュニケーター・・・・・・・・・・・・・・70

医療コンシェルジュ ・・・・・・・・・・ 32, 66, 71

医療サービス・・・・・・・・・・ 2, 6, 10, 11, 19

医療消費者・・・・・・・・・・・・・・・・・・・・・・20

医療ツーリズム・・・・・・・・・・・・・・・・・・82

医療の個人記録・・・・・・・・・・・・・・・・・・・17

医療の不確実性・・・・・・・・・・・・・・・・・・・8

医療費明細書発行の義務化・・・・・・・・・・20

医療保険制度改革法・・・・・・・・・ 17, 83

医療メディエーター・・・・・・・・・・・・・・・69

インフォームドコンセント・・・・・・・・・・・4

[う]

ウェイティング・タイム・・・・・・・・・・・・・52

[お]

応召義務・・・・・・・・・・・・・・・・・・・・・・・48

おうむ返し・・・・・・・・・・・・・・・・・・・・・43

オーダー・エントリー・システム・・・・・54

オバマケア・・・・・・・・・・・・・・・・・・・・・17

オンライン診療・・・・・・・・・・・・・・・33

[か]

外来待ち時間調査・・・・・・・・・・・・・・52

拡大質問・・・・・・・・・・・・・・・・・・46

家庭医・・・・・・・・・・・・・・・・・・・53

眼科診療所・・・・・・・・・・・・・・・・・57

患者（顧客）満足度・・・・・・・・・・・・・13

患者サービス・・・・・・・・・・・・・・・・7

患者（消費者）・・・・・・・・・・・・・・・13

患者心理・・・・・・・・・・・・・・・・・・15

患者取り違え事故・・・・・・・・・・・・・・19

[き]

客観的臨床能力試験・・・・・・・・・・・・・14

救急搬送トリアージ・・・・・・・・・・・・・64

[く]

クライアント・・・・・・・・・・・・・・・・43

クレーム・・・・・・・・・・・・・・・・・・12

クレジットカード・・・・・・・・・・・・49, 51

[け]

傾聴のスキル・・・・・・・・・・・・・・・・44

顕在意識・・・・・・・・・・・・・・・・・・46

[こ]

高額療養費制度・・・・・・・・・・・・・・・50

肯定質問・・・・・・・・・・・・・・・・・・46

高福祉国家・・・・・・・・・・・・・・・・・53

コーチングの技術・・・・・・・・・・・・8, 44

コールトリアージ・・・・・・・・・・・・・・65

コミュニケーション・・・・・・・・・・・・・8

コミュニケーションスキル・・・・・・・・・・8

コンシェルジュ・メディスン・・・・・・・・81

[さ]

サービスの消費・・・・・・・・・・・・・・・2

在宅支援病院・診療所・・・・・・・・・・・・30

再来院患者（リピーター）・・・・・・・・・・61

[し]

質問のスキル・・・・・・・・・・・・・・・・45

受療行動・・・・・・・・・・・・・・・・・・24

受療行動調査・・・・・・・・・・・・・・24, 52

小児科・・・・・・・・・・・・・・・・・・・55

小児救急電話相談事業・・・・・・・・・・・・65

承認のスキル・・・・・・・・・・・・・・・・44

消費者（患者）・・・・・・・・・・・・・・・4

消費者基本法・・・・・・・・・・・・・・・・20

消費者保護・・・・・・・・・・・・・・・・・20

情報量の格差・・・・・・・・・・・・・・・・14

消滅性・・・・・・・・・・・・・・・・・・・2

人口ピラミッド・・・・・・・・・・・・・・・22

診療報酬改定・・・・・・・・・・・・30, 33, 48

[す]

スキルコーチング・・・・・・・・・・・・・・43

筋論クレーマー・・・・・・・・・・・・・・・20

[せ]

接遇・・・・・・・・・・・・・・・・・・8, 40

接遇技術・・・・・・・・・・・・・・・・・・8

潜在意識・・・・・・・・・・・・・・・・・・46

医療経営士●初級テキスト7　97

索引

選定療養費······················31

[た]

単一医療機関完結型················30
団塊の世代······················21

[ち]

地域医療計画····················32
地域医療連携····················30
地域完結型······················30
地域包括ケアシステム··············32
チームワーク····················60

[て]

提供者（医療従事者）················4
デビットカード················49, 51
電子カルテ··················54, 60

[と]

等価的重要性·····················3
統合ヘルスケアネットワーク·········17
同時性·························2
特定質問·······················46
閉じた質問（クローズドクエスチョン）45
トリアージ·····················62
トリアージナース················63

[に]

日本医療機能評価機構··············52
入院誓約書·····················49
認知症高齢者····················21

[は]

働き方改革·····················23
バックトラッキング···············43

[ひ]

否定質問·······················46
非有形性························2
病院機能評価····················52
開いた質問（オープンドクエスチョン）45

[ふ]

不可分性························2
不均質性························2
プライマリケア··················62

[ほ]

保険証·························49

[ま]

待ち期間·······················52
待ち時間··················52, 55
満足度·························10

[み]

未収金·························48

[め]

メディカル・コーチング···········40
メディカル・コンシェルジュ·········81
メディカルツーリズム··············81
メディケア·····················17

メディケイド・・・・・・・・・・・・・・・・・・・・・17

[も]

もの言わぬ患者・・・・・・・・・・・・・・・・・・・13

[よ]

予約システム・・・・・・・・・・・・・・・・・・・・55

[り]

リレーション・・・・・・・・・・・・・・・・・・・・・8

[れ]

連帯保証人・・・・・・・・・・・・・・・・・・・・・49

著者紹介

深津　博 （ふかつ・ひろし）

医学博士、放射線科専門医、PET認定医、日本医学放射線学会代議員

1985（昭和60）年3月、名古屋大学医学部医学科卒業。専門は放射線医学、画像診断学、医療情報、地域医療連携。2002（平成14）年1月より名古屋大学医学部付属病院放射線部助教授。2006（平成18）年1月よりNPO法人日本医療コンシェルジュ研究所理事長、2009（平成21）年4月より愛知医科大学特任教授／医療情報部長、現職に至る。

名古屋大学医学部附属病院にて画像診断医として臨床を行いつつ、医用画像や医療情報におけるシステムの共同開発を数多く行い、特許申請も多数。また、地域医療連携にも注力し、日本初の医療コンシェルジュを考案（名大病院での試験導入から約7年で資格取得者900名以上、全国150以上の病院と普及しつつある）。

趣味は音楽鑑賞、ダイビング。

最近のモットーは「走りながら考える！」。

『医療経営士テキストシリーズ』　総監修

川渕　孝一 （かわぶち・こういち）

1959年生まれ。1983年、一橋大学商学部卒業後、民間病院・企業を経て、1987年、シカゴ大学経営大学院でMBA取得。国立医療・病院管理研究所、国立社会保障・人口問題研究所勤務、日本福祉大学経済学部教授、日医総研主席研究員、経済産業研究所ファカルティ・フェロー、スタンフォード大学客員研究員などを経て、現在、東京医科歯科大学大学院教授。主な研究テーマは医業経営、医療経済、医療政策など。『2040年の薬局』（薬事日報社）、『第六次医療法改正のポイントと対応戦略60』『病院の品格』（いずれも日本医療企画）、『医療再生は可能か』（筑摩書房）、『医療改革～痛みを感じない制度設計を～』（東洋経済新報社）など著書多数。

MEMO

MEMO

MEMO

『医療経営士テキストシリーズ』

「医療経営士」が今、なぜ必要か？

マネジメントとは経営学で「個人が単独では成し得ない結果を達成するために他人の活動を調整する行動」と定義される。医療機関にマネジメントがないということは、「コンサートマスターのいないオーケストラ」、「参謀のいない軍隊」のようなものである。

わが国の医療機関は、収入の大半を保険診療で得ているため、経営層はどうしても「診療報酬をいかに算定するか」「制度改革の行方はどうなるのか」という面に関心が向いてしまう。これは"制度ビジネス"なので致し方ないが、現在、わが国の医療機関に求められているのは「医療の質の向上と効率化の同時達成」だ。この二律相反するテーマを解決するには、医療と経営の質の両面を理解した上で病院全体をマネジメントしていくことが求められる。

医療経営の分野においては近年、医療マーケティングやバランスト・スコアカード、リエンジニアリング、ペイ・フォー・パフォーマンスといった経営手法が脚光を浴びてきた。しかし、実際の現場に根づいているかといえば、必ずしもそうとは言えない。その大きな原因は、医療経営に携わる職員がマネジメントの基礎となる真の知識を持ち合わせていないことだ。

医療マネジメントは、実践科学である。しかし、その理論や手法に関する学問体系の整備は遅れていたため、医療関係者が実践に則した形で学ぶことができる環境がほとんどなかったのも事実である。

そこで、こうした医療マネジメントを実践的かつ体系的に学べるテキストブックとして期待されるのが、本『医療経営士テキストシリーズ』である。目指すは、医療経営に必要な知識を持ち、医療全体をマネジメントしていける「人財」

の養成だ。

なお、本シリーズの特徴は、初級・中級・上級の3級編になっていること。初級編では、初学者に不可欠な医療制度や行政の仕組みから倫理まで一定の基礎を学ぶことができる。また、中級編では、医療マーケティングや経営戦略、組織改革、財務・会計、物品管理、医療IT、チーム力、リーダーシップなど、「ヒト・モノ・カネ・情報」の側面からマネジメントに必要な知識が整理できる。そして上級編では、各種マネジメントツールの活用から保険外事業まで医療機関のトップや経営参謀を務めるスタッフに必須となる事案を網羅している。段階を踏みながら、必要な知識を体系的に学べるように構成されている点がポイントだ。

テキストの編者は医療経営の第一線で活躍している精鋭の研究者や実務家である。そのため、内容はすべて実践に資するものになっている。医療マネジメントを体系的にマスターしていくために、初級編から入り、ステップアップしていただきたい。

医療マネジメントは知見が蓄積されていくにつれ、日々進歩していく科学であるため、テキストブックを利用した独学だけではすべてをフォローできない面もあるだろう。そのためテキストブックは改訂やラインアップを増やすなど、日々進化させていく予定だ。また、執筆者と履修者が集まって、双方向のコミュニケーションを行える検討会や研究会といった「場」を設置していくことも視野に入れている。

本シリーズが医療機関に勤務する事務職はもとより、医師や看護職、そして医療関連サービスの従事者に使っていただき、そこで得た知見を現場で実践していただければ幸いである。そうすることで一人でも多くの病院経営を担う「人財」が育ち、その結果、医療機関の経営の質、日本の医療全体の質が高まることを切に願っている。

『医療経営士テキストシリーズ』総監修
川渕　孝一

■初級テキストシリーズ（全8巻）

巻	タイトル	編著者代表
1	医療経営史 — 医療の起源から巨大病院の出現まで［第3版］	酒井シヅ（順天堂大学名誉教授・特任教授／元日本医史学会理事長）
2	日本の医療政策と地域医療システム — 医療制度の基礎知識と最新動向［第4版］	尾形裕也（九州大学名誉教授）
3	日本の医療関連法規 — その歴史と基礎知識［第4版］	平井謙二（医療経営コンサルタント）
4	病院の仕組み／各種団体、学会の成り立ち — 内部構造と外部環境の基礎知識［第3版］	木村憲洋（高崎健康福祉大学健康福祉学部医療情報学科准教授）
5	診療科目の歴史と医療技術の進歩 — 医療の細分化による専門医の誕生、総合医・一般医の役割［第3版］	上林茂暢（龍谷大学社会学部地域福祉学科名誉教授）
6	日本の医療関連サービス — 病院を取り巻く医療産業の状況［第3版］	井上貴裕（千葉大学医学部附属病院副病院長・病院経営管理学研究センター長）
7	患者と医療サービス — 患者視点の医療とは［第3版］	深津博（愛知医科大学病院医療情報部特任教授／日本医療コンシェルジュ研究所理事長）
8	医療倫理／臨床倫理 — 医療人としての基礎知識	箕岡真子（東京大学大学院医学系研究科医療倫理学分野客員研究員／箕岡医院院長）

■中級テキストシリーズ（全19巻）

【一般講座】（全10巻）

巻	タイトル	編著者代表
1	医療経営概論—病院の経営に必要な基本要素とは	吉長成恭（広島国際大学大学院医療経営学専攻教授）
2	経営理念・ビジョン／経営戦略—経営戦略実行のための基本知識	鐘江康一郎（聖路加国際病院経営企画室）
3	医療マーケティングと地域医療—患者を顧客としてとらえられるか	真野俊樹（多摩大学統合リスクマネジメント研究所教授）
4	医療ITシステム—診療情報の戦略的活用と地域包括ケアの推進	瀬戸僚馬（東京医療保健大学保健学部医療情報学科准教授）
5	組織管理／組織改革—改革こそが経営だ！	冨田健司（同志社大学商学部商学科准教授）
6	人的資材管理—ヒトは経営の根幹	米本倉基（岡崎女子短期大学教授）
7	事務管理／物品管理—コスト意識を持っているか？	山本康弘（国際医療福祉大学医療福祉・マネジメント学科教授）
8	財務会計／資金調達(1)財務会計	橋口徹（日本福祉大学福祉経営学部教授）
9	財務会計／資金調達(2)資金調達	福永肇（藤田保健衛生大学医療科学部医療経営情報学科教授）
10	医療法務／医療の安全管理—訴訟になる前に知っておくべきこと	須田清（弁護士／大東文化大学法科大学院教授）

【専門講座】（全9巻）

巻	タイトル	編著者代表
1	診療報酬制度と医業収益—病院機能別に考察する戦略的経営［第4版］	井上貴裕（千葉大学医学部附属病院副病院長・病院経営管理学研究センター長）
2	広報・広告／ブランディング—集患力をアップさせるために	石田章一（日本HIS研究センター代表理事／ビジョンヘルスケアズ代表）
3	部門別管理—目標管理制度の導入と実践	西村周三（京都大学理事・副学長）、 森田直行（京セラマネジメントコンサルティング代表取締役会長兼社長／前京セラ代表取締役副会長）
4	医療・介護の連携—地域包括ケアと病院経営［第4版］	橋爪章（元保健医療経営大学学長）
5	経営手法の進化と多様化—課題・問題解決力を身につけよう	鐘江康一郎（聖路加国際病院経営企画室）
6	創造するリーダーシップとチーム医療—医療イノベーションの創発	松下博宣（東京農工大学大学院技術経営研究科教授）
7	業務改革—病院活性化のための効果的手法	白濱伸也（日本能率協会コンサルティング品質経営事業部シニア・コンサルタント）
8	チーム医療と現場力—強い組織と人材をつくる病院風土改革	白髪昌世（広島国際大学医療経営学部医療経営学科教授）
9	医療サービスの多様化と実践—患者は何を求めているのか	島田直樹（ピー・アンド・イー・ディレクションズ代表取締役）

■上級テキストシリーズ（全13巻）

巻	タイトル	編著者代表
1	病院経営戦略論—経営手法の多様化と戦略実行にあたって	尾形裕也（九州大学大学院医学研究院医療経営・管理学講座教授）
2	バランスト・スコアカード—その理論と実践	荒井耕（一橋大学大学院商学研究科管理会計分野准教授）、 正木義博（社会福祉法人恩賜財団済生会横浜市東部病院院長補佐）
3	クリニカルパス／地域医療連携—医療資源の有効活用による医療の質向上と効率化	濃沼信夫（東北大学大学院医学系研究科教授）
4	医工連携—最新動向と将来展望	田中紘一（公益財団法人神戸国際医療交流財団理事長）
5	医療ガバナンス—医療機関のガバナンス構築を目指して	内田亨（西武文理大学サービス経営学部健康福祉マネジメント学科准教授）
6	医療品質経営—患者中心医療の意義と方法論	飯塚悦功（東京大学大学院工学系研究科医療社会システム工学寄付講座特任教授）、 水流聡子（東京大学大学院工学系研究科医療社会システム工学寄付講座特任教授）
7	医療情報セキュリティマネジメントシステム（ISMS）	紀ノ定保臣（岐阜大学大学院医学系研究科医療情報学分野教授）
8	医療事故とクライシスマネジメント—基本概念の理解から危機的状況の打開まで	安川文朗（熊本大学法学部公共社会政策論講座教授）
9	DPCによる戦略的病院経営—急性期病院経営に求められるDPC活用術	松田晋哉（産業医科大学医学部教授（領域公衆衛生学））
10	経営形態—その種類と選択術	羽生正宗（山口大学大学院経済学研究科教授／税理士）
11	医療コミュニケーション—医療従事者と患者の信頼関係構築	荒木正見（九州大学哲学会会長、地域健康文化学研究所所長）、 荒木登茂子（九州大学大学院医学研究院医療経営・管理学講座医療コミュニケーション学分野教授）
12	保険外診療／附帯業務—自由診療と医療関連ビジネス	浅野信久（大和証券キャピタル・マーケッツ コーポレートファイナンス第一部担当部長／東京大学大学院客員研究員）
13	介護経営—介護事業成功への道しるべ	小笠原浩一（東北福祉大学大学院総合福祉学研究科教授／ラウレア応用科学大学国際諮問委員・研究フェロー）

※肩書きはテキスト執筆時のものです

医療経営士●初級テキスト7[第3版]

患者と医療サービス──患者視点の医療とは

2018年7月24日　第3版第1刷発行

著　　　者　深津　博
発 行 人　林　諄
発 行 所　株式会社 日本医療企画
　　　　　　〒101-0033　東京都千代田区神田岩本町4 -14　神田平成ビル
　　　　　　TEL 03-3256-2861（代）　http://www.jmp.co.jp
　　　　　　「医療経営士」専用ページ　http://www.jmp.co.jp/mm/
印 刷 所　図書印刷 株式会社

ⒸHIROSHI FUKATSU 2018,Printed in Japan
ISBN978-4-86439-683-7 C3034　　　　　定価は表紙に表示しています
※本書の全部または一部の複写・複製・転訳載等の一切を禁じます。これらの許諾については小社までご照会ください。